El idioma es música

Más de 70 fáciles y divertidos consejos para aprender idiomas

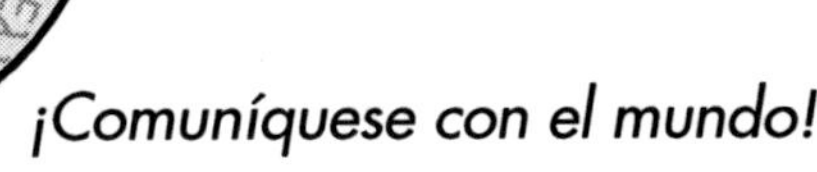

¡Comuníquese con el mundo!

Susanna Zaraysky

Dedicatoria

A mis padres Rimma e Isak Zaraysky por obligarme a tomar lecciones de piano y clarinete aunque yo no quisiera practicar todos los días. También demostraron su inteligencia al matricularme clandestinamente en la clase de francés del 7° grado. (Mi profesora de 6° grado no creía que estuviera lista para aprender idiomas y hasta firmó un documento en que me declaraba incapaz de estudiar otras lenguas en 7° grado. Mis padres cambiaron su respuesta antes de presentar el formulario a la nueva escuela. ¡Todavía nos reímos de cómo se equivocó sobre mi potencial!

Dr. Oliver Sacks, si no hubiese sido por su aleccionador artículo "Stereo Sue" en la revista "New Yorker" y su libro "Musicophilia", quizá nunca hubiese descubierto el origen de mi misterioso don para los idiomas y tampoco habría escrito este libro.

Opiniones sobre *El idioma es música*

"¡*El idioma es música* es como música para la mente! El pequeño libro (de menos de 100 paginas) escrito por Susanna Zaraysky, está lleno de sugerencias y consejos prácticos de cómo aprender un idioma. He estudiado muchos idiomas y hablo algunos con fluidez, y puedo recomendar este libro a cualquiera que quiera hablar otro idioma."
-John Perkins, escritor bestseller del New York Times, "Confesiones de un Gangster Económico"

"¡Me encanta! Creo que ayudará a quienes quieran aprender otros idiomas o profundizar en ellos. Hay muchas personas que desean aprender otra lengua, pero se dejan desanimar o intimidar por las clases a las que han asistido. Leer *El idioma es música* los animará a intentarlo de nuevo, por su propia cuenta y con la ayuda de sus amigos."
- Dra. Elba Maldonado-Colón, Profesora
Programa Bilingüe del Departamento de Educación Elemental
Universidad de San José, California

"¡ES FACILÍSIMO!"
Con una visión poética y una sólida experiencia, Susanna Zaraysky, autora de *El idioma es música*, nos da una estrategia sencilla para aprender idiomas. Se acabaron los métodos aburridos e ilógicos que casi todos recordamos de nuestros días escolares. Nunca aprenderá un idioma más fácil y rápidamente. Los métodos de Zaraysky tienen diversión, conexión, ritmo, y por encima de todo... música."
- Suzanne Lettrick, Maestria en Educación
Educadora y fundadora de The Global Education and Action Network

"Olvídese de los diccionarios y los manuales de conversación… la guía para aprender idiomas de Susanna Zaraysky es fácil de usar e indispensable para cualquiera que esté realmente interesado en aprender un idioma y hablarlo con *fluidez* (no sólo para salir del paso). *El idioma es música* le enseñará a incorporar su nuevo idioma a la vida cotidiana, viviendo la inmersión lingüística total necesaria para hablarlo con fluidez. Es muy recomendable para los aspirantes a políglota. ¡Abra este libro y usted también lo será!"
- Justin Liang, habla japonés, mandarín, cantonés, marshalés y español intermedio

"Cuando vivía en Francia, pasé muchos años estudiando inglés "académico" en la escuela, pero progresaba mucho más cuando me obligaba a escuchar la BBC o a leer los subtítulos de las películas americanas. Ojalá hubiera tenido el libro de Susanna entonces. Está lleno de ideas creativas y consejos prácticos que son un complemento indispensable para los métodos tradicionales de aprender idiomas, y viene de alguien digno de confianza: ¡Susanna habla muchísimos!"
- Philippe Levy, hablante nativo de francés

"Este libro es estupendo. Me enseñó una forma nueva de aprender idiomas, y lo voy a aprovechar. Como hablante de inglés no nativo, pasé muchos años de escuela estudiando inglés sin avanzar casi nada. Con el tiempo descubrí muchos de los trucos que he leído en este libro, pero si lo hubiese leído antes mi vida habría sido más fácil y me habria ahorrado muchísimo tiempo. Voy a aprovechar los consejos de *El idioma es música* para aprender un tercer idioma: el español. Esta vez estoy seguro de que avanzaré mucho más rápido. *El idioma es música* no sólo es útil para adquirir otro idioma: sus recursos y sitios web son valiosos para cualquiera que quiera viajar al extranjero."
- Fabien Hsu, hablante nativo de francés

"*El idioma es música* es una herramienta única para quien quiera aprender idiomas. Su abundancia de consejos sólo es igualada por su completa lista de recursos para aprender idiomas tanto en Internet como por otros medios. Desde la primera página se percibe la actitud alegre y espontánea de Susanna. Se *lo* pasa en grande lidiando con la Torre de Babel y sabe transmitir ese placer a sus lectores. Sus experiencias de viaje y su amor por los idiomas nos descubren cómo cualquiera puede llegar a ser un ciudadano del mundo."
- *Carmelo Fontana, cofundador de Ukindi, una compañía de educación y aprendizaje de idiomas en línea*

El idioma es música
Más de 70 consejos fáciles y divertidos para aprender idiomas
Parte de la serie de libros *Cree su mundo*.

Primera Edición

Kaleidomundi
PO Box 1253
Cupertino, CA 95015
USA
www.createyourworldbooks.com
Correo electrónico: info@kaleidomundi.com

ISBN: 978-0-9820189-7-2
LCCN: 2009908263

Cubierta y diseño interior de Krista Thomas
Traducido por José Luis Bonilla Sánchez
Fuentes usadas en este libro: Futura, diseñada por Paul Renner, y Baskerville, diseñada por John Baskerville

Serie de libros *Cree su mundo*

Misión

- Crear ciudadanos del mundo comprometidos con el planeta e interesados en lo que pasa en todas partes: viajeros y comunicadores internacionales seguros de sí mismos.
- Motivarles a interactuar con otras culturas y modos de vida y a apreciarlos como merecen.
- Transmitirles los conocimientos necesarios para viajar económicamente y conocer el mundo.
- Enseñarles a aprender idiomas de forma fácil y divertida.

¡Trabaje por la paz en persona!
¡Sea su propio embajador!
¡Cree su mundo!

Libros de esta serie

Travel Happy, Budget Low
Over 200 Money Saving Tips to See the World
(Viaje feliz con poco presupuesto – sólo en inglés)

El idioma es música
Más de 70 consejos fáciles y divertidos para aprender idiomas

Qué conseguirá con este libro

Diviértase y aprenda idiomas con facilidad. Escuche música y programas de radio, vea televisión, asista a eventos culturales, hable con otras personas y en general disfrute del proceso de aprender otro idioma. No tiene que pasarse el día estudiando conjugaciones de verbos ni sufrir pesadillas con su profesor atizándole con una estaca por sus errores de pronunciación.

Aprenda idiomas de forma económica. Los consejos gratuitos y económicos, así como los más de 90 recursos de Internet, le permitirán aprender idiomas sin tener que gastar dinero en boletos de avión, profesores y programas intensivos. No tendrá que salir de su casa, ni mucho menos del país.

Aprenda más rápidamente que en las típicas clases de "memorizar y recitar" usadas en escuelas y universidades.

El idioma formará parte de su vida cotidiana. El nuevo idioma está vivo y no es sólo una lista de palabras y frases.

Creado por una experta autodidacta. Sin tutores caros ni cursos intensivos en el extranjero; aprendí estas técnicas naturalmente.

Tabla de Contenido

¿Por qué aprender otro idioma?

Todos conocemos la palabra "globalización": es un fenómeno cuyas múltiples consecuencias afectan a cada faceta de nuestras vidas. Una de ellas es la necesidad de comunicarse con gente de otras partes del mundo. A medida que viajar, trabajar, emigrar y vivir en el extranjero se hacen más comunes, aumenta el número de personas políglotas. Los trabajos gubernamentales pagan una bonificación por cada idioma adicional que hablan sus empleados.

Incluso si uno no se dedica a los negocios internacionales, ser políglota sigue siendo importante.

Según datos del Departamento del Censo de EE. UU. del año 2000, en el 20% de los hogares del país se habla otro idioma además del inglés. Los políticos y las compañías están concentrando sus mensajes en las comunidades que no hablan inglés. Uno de los debates de las Primarias del Partido Demócrata para las elecciones presidenciales de 2008 fue televisado en español. En la campaña de 2006 para las elecciones a gobernador del Estado de California, los familiares del candidato demócrata que hablaban chino hacían sus anuncios en mandarín.

La realidad es que en esta economía global estamos obligados a ser políglotas para prosperar, y las nuevas generaciones son conscientes de la necesidad de aprender otros idiomas para hacer carrera.

Cuando terminé la universidad, conseguí mi primer trabajo gracias a mis conocimientos de ruso. La división local del Programa de Asistencia a la Exportación del Departamento de Comercio iba a colaborar en la preparación de una cumbre entre el vicepresidente de EE. UU., Al Gore, y el primer ministro ruso, Víktor Chernomyrdin, en el Silicon Valley. La oficina necesitaba a alguien que ayudara a los dignatarios rusos que asistirían a la reunión. Para participar tuve que obtener una autorización especial de seguridad. No solamente era la única guía que hablaba ruso, sino que también escuché las presentaciones de los ejecutivos de grandes compañías del Silicon Valley. Sólo tenía 21 años. Sin mis conocimientos de ruso, esta reunión de alto nivel habría estado vedada para mí.

Unos meses más tarde, me contrataron por mis conocimientos de español. El secretario de comunicaciones argentino visitaba el Silicon Valley por negocios, y en nuestra oficina yo era la única que hablaba español con fluidez. Aunque ni siquiera tenía edad legal para alquilar un auto, mi jefe convenció a la compañía para que me dejaran llevar a este alto cargo y a sus acompañantes ¡en una furgoneta alquilada! Como sucedió con la delegación rusa, asistí a reuniones con altos ejecutivos del Silicon Valley que de otro modo no habría tenido ocasión de conocer. Estar entre argentinos fue una gran experiencia para mí, porque al año siguiente estaba camino a su país como becaria embajadora de la Fundación Rotaria.

No habría disfrutado de ninguna de estas oportunidades si no hubiera hablado ruso ni español.

Imagine que los idiomas son como notas y claves, tanto en el sentido musical como en el físico. Cuantas más notas pueda producir su voz, más claves tendrá para abrir puertas a nuevos horizontes. Permítame abrir su mundo a los sonidos de otros idiomas. ¡Se le abrirán perspectivas que nunca había soñado!

La enseñanza de idiomas actual y sus mitos

MITO: para aprender un idioma hay que vivir en el país donde se habla.
REALIDAD: no. Aprendí a hablar español e italiano con soltura y un acento casi impecable mucho antes de vivir en Argentina y pasar tiempo en Italia. Si el mito fuera cierto, todos los inmigrantes y refugiados que viven en EE. UU. hablarían inglés perfectamente, y sin embargo a menudo no es así. Esto se debe a que la enseñanza de idiomas siempre se ha centrado en la gramática y la memorización, lo que aburre y frustra a los estudiantes. No aprenden a apreciar el ritmo y el flujo del idioma, ni ven que puede ser fácil y divertido de aprender.

MITO: si uno no puede ir al país donde se habla el idioma, al menos debe estudiarlo con un profesor particular.
REALIDAD: yo soy la prueba de que no se necesita un profesor privado. A excepción de unas pocas clases en Bosnia, nunca he tenido profesores particulares de idiomas.

MITO: para tener buen acento, hay que pasar mucho tiempo en el país donde se habla el idioma.
REALIDAD: si eso fuera verdad, Arnold Schwarzenegger, la estrella de cine austriaca y actual gobernador de California, podría pronunciar la palabra "California" como un nativo y no con su fuerte acento alemán.

Según el Instituto Internacional de Educación, el número de estadounidenses que estudian en el extranjero ha aumentado en un 250% desde los años 90. Otras estadísticas indican que hay cada vez más gente estudiando idiomas, pero usando aún los mismos métodos ineficaces que han frustrado a millones de estudiantes en el pasado. Los nativos de EE. UU. estudian idiomas, pero tienen la reputación de ser pésimos hablantes de otras lenguas en todo el mundo. ¿Por qué? Porque se limitan a memorizar listas de vocabulario para "aprender" palabras. ¡ESO LE ABURRE

A CUALQUIERA! Las listas de palabras no pasan de ser datos inertes si no se usan de forma creativa y espontánea. Es como matricularse en una clase de cocina y hacer una receta sin probar la comida después de cocinarla, o leer el manual de instrucciones de un auto sin montarse en él y sentir y ver cómo corre. Para aprender un idioma hay que sentirlo, saborearlo y respirarlo.

El objetivo de este libro es suplir las deficiencias en nuestro modo de aprender idiomas. Al leerlo se dará cuenta de que es perfectamente posible aprender idiomas de forma divertida, sin tener que gastar dinero en cursos caros ni en viajes al extranjero.

Introducción

Este libro complementa a las formas tradicionales de enseñanza de idiomas e intenta convertirlas en un proceso dinámico y divertido. No está pensado para sustituir lecciones gramaticales, clases ni otros materiales educativos. Sigue siendo necesario aprender la gramática para conocer la estructura del idioma que se desea dominar. Al igual que los músicos tienen que aprender acordes, ritmos y otros fundamentos de la música, el estudiante de un idioma también tiene que asimilar sus estructuras. Aunque he aprendido muchísimo escuchando a los hablantes de otras lenguas, tuve que asimilar la gramática y estructura de esos idiomas para crear oraciones correctas en ellos. Las explicaciones de mis profesores y los libros de gramática fueron esenciales.

Por qué escribí este libro

Los idiomas son una ventana al mundo. Si no pudiera comunicarme, mi mundo sería gris y aburrido. Durante mi vida he trabajado en lugares que fueron zonas de combate, y he llegado a la conclusión de que gran parte de la violencia y tensión que hay en el mundo podría reducirse si nos comunicáramos y entendiéramos mejor. El problema es que la gente no tiene interés en dialogar, o sencillamente no se entienden entre sí.

Tras muchas horas de aburrimiento en distintos cursos de idiomas, hace tiempo que llegué a la conclusión de que las técnicas de memorización por repetición son ineficaces: sólo sirven para alienar y desanimar a los estudiantes. Una vez identificado el problema, me di cuenta de que podía cambiar la enseñanza de idiomas para hacerla más divertida y atractiva. En Taiwán vi cómo una profesora se limitaba a leer en tono monótono las frases de un libro en inglés para después pedir a los estudiantes que las repitieran. La pobre señora no se daba cuenta de que sus alumnos estaban tan aburridos que se pasaban el tiempo mirando por la ventana. Después del colegio, los niños taiwaneses iban a escuelas memorísticas para asimilar aun más información y asistir a más clases de inglés, pero les aterraba hablar ese idioma con un nativo. Después de años de memorizar diccionarios, como lo hacían con los miles de caracteres chinos, la mayoría de los adolescentes taiwaneses necesitaban gafas. Como yo nací con problemas de visión, no tenía ningún deseo de debilitar mi vista ni la de los demás con tal de aprender otros idiomas. Sabía que tenía que haber una manera de aprenderlos sin torturarme la vista.

La lectura del libro *Musicophilia*, del Dr. Oliver Sacks, sobre los aspectos neurológicos de la música, me inspiró a escribir sobre el modo en que la música me ayudó a aprender idiomas. (Esta era la segunda vez en menos de dos años que una obra del Dr. Sacks provocaba un cambio profundo y decisivo en mi vida. Hablaré más sobre esto cuando describa cómo me ayudó a resolver el misterio de mi don de lenguas) .

Cuando al fin comprendí el por qué de mi facilidad para aprender idiomas, comencé a idear ejercicios y trucos divertidos para transmitirla a los demás. Este libro es mi manera de contribuir a la comunicación internacional y de demostrar que todos podemos ser nuestros propios intérpretes y trabajar por la paz sin intermediarios.

Mi enigma

De los 10 idiomas que he estudiado, hablo con fluidez inglés, ruso, español, francés e italiano, y serbocroata y portugués a nivel intermedio.

Hablaba húngaro básico cuando viví en Budapest en el otoño de 1997, pero se me ha olvidado la mayor parte. Aún puedo leer algo de hebreo, pero no lo hablo. A las dos semanas de estudiar árabe, los CDs del cursillo inutilizaron mi estéreo y ya no pude volver a usarlos. Desafortunadamente, sólo recuerdo algunas palabras en ese idioma y a duras penas lo leo.

La gente siempre me ha preguntado cómo he podido aprender tantas lenguas sin asistir a cursos intensivos en el extranjero ni recurrir a profesores privados. La verdad es que los idiomas me venían fácilmente y yo no entendía por qué los demás tenían tantas dificultades con ellos. Aunque memorizar estructuras gramaticales y listas de vocabulario en primaria, secundaria y universidad no era divertido, yo parecía ser uno de los pocos estudiantes que aprendían gramática razonablemente bien con los métodos de instrucción tradicionales. Para mí la gramática era como una fórmula matemática que aprendía y aplicaba cuando lo necesitaba. Como se me daban bien las matemáticas, no me era difícil asimilar la estructura del idioma. No obstante, notaba que muchos de mis compañeros tenían grandes dificultades con ella, hasta el punto de pensar que nunca podrían aprender otro idioma.

Ver cómo mi padre seguía teniendo dificultades con el inglés tras vivir 28 años en EE. UU. me hizo darme cuenta de que la enseñanza de idiomas tradicional no funcionaba. Yo notaba que había algo que me ayudaba a aprender otros idiomas más fácilmente que con los métodos de la escuela, pero no sabía qué podía ser.

No entendía por qué la gente que hablaba un idioma latino (francés, español, italiano, portugués o rumano) como lengua materna tenía tanta dificultad en aprender otra lengua de la misma familia. Pensaba que aprender otro idioma derivado del latín debería ser muy fácil para ellos, porque todos ellos tienen estructuras similares y comparten vocabulario. Pero no era así. Esto me dejaba perpleja.

No era sólo mi facilidad para la gramática que asombraba a la gente: también estaban mi acento y mi habilidad para imitar sonidos de forma perfecta o casi perfecta. Me bastaba decir unas cuantas palabras en un idioma para que la gente me felicitara automáticamente por lo bien que lo hablaba, aun sin usar frases complejas ni un vocabulario sofisticado. De hecho, hasta cuando cometía algún error gramatical la gente seguía diciendo que lo hablaba perfectamente. Mi acento y mi excelente pronunciación casi hacían que mis oyentes pasaran por alto mis errores.

Yo sabía que tenía un don, pero no sabía qué hacer con él ni cómo pasarle la técnica a otras personas. Era un enigma para mí misma.

Mis amigos me presentaban diciendo: *Esta es Susanna, habla siete idiomas. Es una Torre de Babel ambulante.*

Yo me ponía colorada, los miraba con inquina, y fingía que no me molestaba su entusiasta pero molesta presentación. Más tarde, en privado, les pedía que NUNCA más me presentaran de esa manera. Detestaba ser asociada con mi extraña habilidad. ¿Querría un mecánico ir a una fiesta y discutir sobre las diferencias entre los motores de un Honda y un Mercedes? Lo dudo. Hablar sobre aceites para motores no encaja muy bien en un cóctel. Pero no importaba cuánto me resistiera a hablar de mis dones de políglota: la bochornosa presentación volvía a repetirse una y otra vez.

A mí me molestaba porque siempre me hacían los mismos comentarios: Debes ser muy inteligente. *¿Cómo pudiste aprender tantos idiomas? ¿Has vivido en todos esos países? ¿Cómo puedes permitirte viajar tanto? Llevo años intentando aprender español. ¿Qué métodos me recomiendas? ¿Debería mudarme a Costa Rica durante el verano y asistir a clases de español?*

Cuando les decía a mis inquisidores que sólo tenían que asistir a clases de español, escuchar la radio en español, ver programas de televisión en español e ir de compras a la parte latina de la ciudad, no se creían que fuera tan fácil. Pero aprender idiomas era fácil... para mí.

¿Y qué hacemos con el subjuntivo y la media docena de pretéritos distintos?

Yo me limitaba a responder: apréndanselos, memoricen las conjugaciones verbales. El español es fácil comparado con otros idiomas.

Y ellos me miraban perplejos.

Mi frustración

¿Qué más podía decirles? Yo crecí con dos idiomas, el ruso y el inglés.

Comencé a oír español durante mi infancia en California. Esto me ayudó cuando empecé a estudiarlo formalmente a los 16 años. Era como una esponja que absorbía fácilmente los sonidos. Si alguien no podía vibrar la "r" o pronunciar una "n" suave, suponía que tenían problemas de oído. Yo no podía mejorar el oído de los demás.

Di 'hola.' Quiero saber cómo suena el idioma X, me decían personas a las que acababa de conocer.

¿Es que tenía pinta de payasa de alquiler? ¿Tenía un pelo tan rizado y unas ropas tan coloridas que parecía un número de circo?

Incluso cuando no me presentaban como "la niña políglota", mi caso siempre terminaba por salir a la luz. Si oía a alguien hablar francés en una fiesta, le hablaba en francés. Al final de la velada, podía haber hablado en cinco idiomas diferentes. Los demás me miraban con los ojos como platos cuando me oían cambiar de idioma y hablar con poco o ningún acento. No estaba presumiendo, me estaba comunicando. Era totalmente natural para mí. Pero para ellos, era como si un cantante de ópera estuviera dando una serenata con un aria diferente cada treinta minutos. ¿Qué debía hacer? ¿Ocultar mis idiomas y fingir que no comprendía a la gente? Traté de hacerlo, pero no era tan buena actriz como para ocultar mi verdadera naturaleza.

Mi vida era un arco iris coloreado con idiomas. Mis sueños estaban llenos de palabras, algunas en idiomas que ni siquiera hablaba con fluidez. En mi vida consciente, siempre había varias entonaciones, acentos, estructuras semánticas y alfabetos flotando en mi mente al mismo tiempo. Un solo acento o idioma no me bastaban para expresarme, y me daba cuenta de que cambiaba de personalidad según el idioma en que hablara. Era un verdadero camaleón, pero no por cambiar el color de la piel, sino el idioma. Las estructuras fonéticas me afectaban produciendo sonidos en diferentes partes de mi boca, garganta y nariz, y creando sensaciones físicas distintas cuando fruncía los labios en francés o vibraba una rotunda "r" en ruso. Hasta los sonidos de los idiomas afectaban a mi relación con lo que decía. El tono musical del portugués brasilero me impedía tomarme en serio a mí misma cuando hablaba con brasileños.

Como un instrumento musical, mi cuerpo resonaba a varias frecuencias. Era como una miniorquesta formada por una sola persona. En mi cerebro, las reglas semánticas y gramaticales gobernaban cómo construía mis pensamientos. Con la pasiva refleja y las concordancias entre sustantivo y adjetivo del francés, siempre tenía que estar alerta para no pronunciar mal y formar frases incorrectas. En español, por otro lado, notaba cómo el uso frecuente de la voz pasiva me hacía sentir menos responsable al hablar de las cosas como si ellas me pasaran a mí, en lugar de ser yo la que asumía la responsabilidad de mis acciones. Con esta mezcla de sonidos y reglas gramaticales en la cabeza, siempre ponía el máximo esfuerzo en comunicarme pasando impecablemente de una estructura fonética/semántica a otra.

Mis amigos se desconcertaban cuando les prohibía que anunciaran mis talentos lingüísticos, pero en realidad yo no estaba tan enojada con ellos como frustrada conmigo misma. Ellos me decían que estaban orgullosos de tener una amiga políglota. "Si yo tuviera tu talento para los idiomas, no lo escondería", protestaban.

Lo que no sabían era que mi "habilidad" y mi "don" eran a menudo un gran dolor de cabeza y un agobio. ¿A quién le gusta anunciar sus debilidades? Cuanta más gente conocía mi don, más me pedía que tradujera e interpretara: lo que más odio en el mundo. A veces, hasta limpiar un sanitario era preferible a ser la guía turística de la Torre de Babel. Lo peor era cuando la persona para quien interpretaba no era particularmente brillante o hacía preguntas estúpidas. Me avergonzaba de ser su vocera.

Nadie me comprendía.

La gente solía decirme que había elegido la carrera equivocada porque no estaba aprovechando al máximo mis dotes lingüísticas.

Algunos de mis amigos me aconsejaron seriamente que me hiciera espía. *A la CIA, el FBI y la Interpol les gustaría tener a alguien como tú. Ni siquiera tendrían que entrenarte. Eres un camaleón nato.* Pero yo no me veía como la Mata Hari del siglo XXI. Mi padre hubiera sufrido un infarto si hubiera sabido que yo intentaba convertirme en la versión femenina de James Bond. Estoy segura de que hubiera amenazado con desheredarme: no habíamos venido a EE. UU. para que yo entrara en el Servicio Secreto.

Muchas veces me frustraba con todas las preguntas sobre mis dotes lingüísticas porque no quería tanta atención, y me molestaba oír las mismas una y otra vez. Me di cuenta de que tenía que escribir lo que sabía para ayudar a los demás. Pero todavía no sabía por qué me resultaba tan fácil aprender idiomas.

¿Talento natural? No.

¿Era el hecho de haber crecido hablando ruso en casa e inglés fuera de ella?

No. Aunque ser bilingüe podía haberme facilitado la adquisición de otros idiomas en comparación con quienes crecieron en hogares monolingües, ése no era el secreto de mi talento. Conocía a personas de origen emigrante que hablaban dos idiomas y tenían problemas para aprender otras lenguas.

¿Era como una intérprete musical de oído perfecto que podía copiar cualquier sonido?

Tampoco. Me gustan distintos tipos de música y voy a conciertos desde que era niña, pero no soy un prodigio. De pequeña tocaba el clarinete y el piano sólo regular y aunque me gusta cantar, desafino más de lo que me gustaría admitir.

¿Era genético?

Mi padre era un negado para los idiomas ya desde antes de perder parte de su capacidad auditiva. Su madre decía que un elefante le había pisado las orejas.

Mis abuelos maternos aprendieron muchos idiomas en la escuela, y mi abuela materna era profesora de literatura y lengua alemanas, pero nadie en el lado materno de la familia era tan bueno con los acentos y los sonidos como yo.

El descubrimiento

A la edad de 29 años me enteré de que sólo podía ver con un ojo a la vez. Se me cayó el mundo encima.

Todo empezó cuando leí el artículo "*Stereo Sue*", del Dr. Oliver Sacks, en la revista *New Yorker* de junio del 2006. Hablaba de una mujer, Profesora Susan Barry, que nació estrábica y comenzó a ver en tres dimensiones gracias a unos ejercicios de visión cuando ya había pasado de los cuarenta. Antes de leer ese artículo, yo no sabía que haber nacido estrábica me hiciera verlo todo con un solo ojo a la vez. Pensaba que las dos operaciones a que me había sometido me permitían ver como los demás. No obstante, aunque mis dos ojos funcionaban mi cerebro sólo registraba las imágenes de uno a la vez. Con una visión bidimensional, sólo podía percibir la profundidad de forma limitada.

Ese artículo cambió mi mundo. Estuve conmocionada durante semanas enteras, intentando concebir cómo sería el mundo para el 95% de la población que veía en profundidad. Si mi mundo era plano, ¿qué podían ver los demás que yo no veía?

Esta revelación de mis limitaciones visuales me resultó muy dolorosa emocionalmente, pero por otro lado resolvió el misterio de mi facilidad para los idiomas. Lo que había ocurrido era que yo había desarrollado inconscientemente un excelente oído, que a su vez me permitía aprender otras lenguas. Como suele suceder cuando se atrofia uno de los sentidos, otros habían crecido para compensarlo. Mi mundo tridimensional consistía en mis dos oídos y el ojo que mi cerebro estuviera usando.

El principal canal para adquirir un idioma es el oído. Es cierto que nos expresamos con los ojos, pero básicamente la comunicación consiste en saber escuchar y prestar atención a la manera en que alguien habla y a lo que dice, especialmente sus tonos e inflexiones. Mi buen oído compensaba mi defecto visual y me ayudaba a captar acentos y repetir sonidos. Me di cuenta de que aprendía idiomas como si fueran una composición musical. Copiaba lo que escuchaba.

¿Cómo podía transformar la solución de mi misterio en una serie de guías para aprender idiomas y así ayudar a los demás?

Como detestaba traducir e interpretar, tenía que compartir mi don con los demás y enseñarles a comunicarse en otros idiomas y a ser sus propios guías en la Torre de Babel. ¡Me sentía sola siendo uno de los pocos seres políglotas del mundo! Quería que la gente se comunicara por sí misma y no confiara en intérpretes. Y sobre todo, quería facilitar la comunicación internacional para que la gente pudiera resolver sus problemas y vivir en paz.

Pensé en los trucos y métodos que había usado a lo largo de los años para aprender idiomas y me di cuenta de que tenía muchos consejos que compartir. Estos consejos no son sólo para gente con discapacidades visuales como la mía, ni para músicos superdotados. Cuando los supervivientes de un derrame cerebral pierden su capacidad de hablar, escuchan música para recuperarla. La música es esencial para aprender a comunicarse.

Después de muchos años de no saber qué hacer con mi don, ahora se lo ofrezco a usted. Disfrútelo y aprenda a hablar en otro idioma. Su mundo cambiará para siempre.

Escuche y aprenderá.

A propósito, el nombre de mi compañía, Kaleidomundi, significa "mundos formados con belleza". La palabra Kaleidomundi viene del griego **καλός** (*kalos*), "bello" + **είδος** (*eidos*), "forma" + el latin **mundi** (plural de *mundus,* mundo).

Susanna Zaraysky
Octubre de 2008

Sección 1: Las notas del director

Instrucciones para pensar en la lengua como si fuera música

Aviso al lector

Lamentablemente, cuando el libro fue traducido del ingles al español, descubrí que no había equivalentes en español para la mayoría de los sitios de Internet o directorios mencionados. Aun así, la mayor parte de los sitios no son difíciles de a navegar. Si usted no habla inglés, puede encontrar a alguien con un nivel básico de inglés para ayudarle a buscar la información que necesite.

1. Afine sus oídos

Para aprender un idioma nuevo tenemos que cambiar el tono y la melodía a los que estamos acostumbrados. Intentar hablar un idioma con el ritmo de nuestra lengua materna sería como querer bailar el chachachá con música de vals.

Absorba los sonidos del idioma como si escuchara una música nueva. Aunque sea un principiante y conozca muy pocas palabras, siempre podrá aprender algo escuchando. Preste atención a la forma en que habla la gente. ¿Parece que están leyendo un número de teléfono o recitando una serie de números? ¿Suenan irritados? ¿Felices? A veces, lo mejor es no intentar analizar ni interpretar. Escuche las palabras y déjese llevar por su intuición.

¡Disfrute!

El idioma es música.

Anécdota

En 1997, durante los primeros días de mi semestre en Budapest, Hungría, me encontraba en el despacho de mi consejero esperando para hablar con él. El consejero estaba hablando al teléfono en húngaro, y aunque yo conocía muy pocas palabras en su lengua, pude adivinar que le estaba dando un número de teléfono a su interlocutor gracias a la melodía de la frase. Su forma de pronunciar esa serie de números sonaba de forma distinta al resto de la conversación.

2. ¡Mozart al rescate!

"Uno no puede reproducir un sonido que no puede oír."

- Alfred Tomatis, especialista francés en el oído y fundador del método Tomatis para la adquisición de idiomas y la terapia del habla

Alfred Tomatis fundó un programa terapéutico para enseñar al oído a distinguir sonidos que hasta entonces no había podido captar. Tomatis descubrió que el motivo por el que tenemos acento en otros idiomas y nos resulta difícil imitar sonidos es simplemente que no oímos correctamente los sonidos de otros idiomas. Nuestros oídos están acostumbrados a procesar los sonidos de nuestra lengua materna.

¿Se ha preguntado alguna vez por qué los franceses tienen dificultades para pronunciar la palabra inglesa "the"? Es porque el inglés tiene muchos más sonidos fricativos que el francés, y el sonido "th" no existe en la lengua gala. Si una persona no oye los sonidos en una cierta frecuencia, tampoco podrá recrearlos por mucho que se esfuerce. Del mismo modo que un saxofón puede producir sonidos imposibles para un piano, cada idioma tiene registros y frecuencias distintos. A veces, una persona puede no darse cuenta de su acento en otro idioma aunque este sea muy fuerte. Tomatis creó un programa que usaba un oído electrónico para filtrar los sonidos nuevos a fin de enseñar a los músculos del oído a reaccionar ante esos sonidos y procesarlos correctamente. También animaba a sus pacientes a escuchar obras de Mozart porque esa música tiene una amplia gama de frecuencias en tonos altos y bajos. Yo nunca me he sometido a la terapia Tomatis y no puedo garantizarla, pero sé que escuchar a Mozart sólo puede ser bueno para enseñar a escuchar al oído.

Aunque no le interesen las teorías de Tomatis, le aconsejo que oiga música clásica con frecuencia, especialmente antes de sus clases de idiomas y sus prácticas de conversación: calmará su cuerpo y su mente y aguzará sus oídos.

www.tomatis.com

3. Siga el ritmo

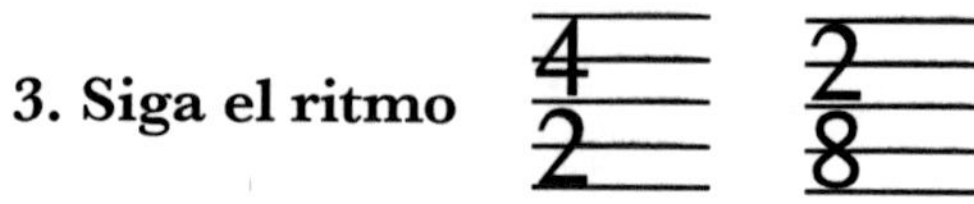

Cada vez que voy a una clase de baile oigo esta frase. Ahora es mi ocasión de usarla.

Hay gente que aprende los principios de la teoría musical cuando empieza a estudiar piano o violín. Otros prefieren agarrar una guitarra, aprender unos cuantos acordes y notas, y experimentar hasta que son capaces de copiar canciones y melodías conocidas. En ambos casos, los estudiantes de música tienen que seguir el ritmo de la música. Los valses son lentos. Los chachachás, rápidos.

¿Tocaría el tambor para acompañar a un coro?
¿Bailaría un vals a ritmo de chachachá?
¿Tocaría un ritmo de 2/2 a un compás de 3/4?

¡Claro que no! Cada música tiene su propio ritmo. Si toca una sonata como si fuera un rap, puede producir una serie cacofónica de notas o una obra "creativa". Normalmente, los músicos prefieren ser fieles al ritmo de la música.

Lo mismo sucede con los idiomas. El motivo por el que la gente tiene un acento fuerte en otros idiomas es porque está tocando la música de esa lengua con el tempo y el ritmo de su lengua materna. Es como bailar un vals mientras suena música de chachachá.

Si escucha los idiomas como si fueran música y presta atención al ritmo, el flujo, los acentos y el tempo de las palabras, le será mucho más fácil aprenderlos y adquirir un gran acento.

4. Lea (y oiga) entre líneas

Mi maestro de voz me dijo una vez que el canto no depende de las notas en sí, sino de las distancias y relaciones entre ellas. Al escuchar el idioma que desea aprender, preste atención a la gama de sonidos en una palabra o frase.

¿Hay muchos sonidos similares? ¿Le gusta el modo en que las vocales suaves suenan junto a las consonantes fuertes? El idioma francés tiene muchas palabras que comienzan y terminan por vocal, y algunas frases pueden ser difíciles de descifrar para un principiante. Los franceses pronuncian sus palabras multivocálicas con *legato*, es decir conectando todos los sonidos vocales. ¿Cree que puede distinguir cuando una frase contiene dos palabras distintas, de las cuales una termina en vocal y la otra comienza por vocal, o le suenan como si fueran una sola palabra?

5. Escuche antes de crear

¿Comenzaría a tocar el violín antes de oír cómo suena ese instrumento? Probablemente no. Igualmente, debe familiarizarse con la música de un idioma antes de empezar a imitar sus sonidos. Recuerde que cuando somos niños aprendemos primero a producir sonidos, y sólo después palabras.

Los bebés y los niños pequeños escuchan el idioma que les rodea durante su primer año de vida antes de decir sus primeras palabras. Escuchan primero y hablan después. No todo el mundo sabe leer, pero casi todos hablamos al menos un idioma.

6. Diviértase

Empezar a aprender un idioma por la gramática es como obligar a un niño estudiar teoría de la música antes de permitirle escuchar canciones, acostumbrarse a sus melodías y disfrutar de ellas. ¡QUÉ ABURRIDO! Los niños quieren tocar la harmónica o cantar una canción, no aprender la teoría de los acordes mayores y menores. Y es igual con los adultos: nos atrae lo que nos divierte.

Sinceramente, ¿quién quiere empezar a estudiar un idioma por la gramática? Sólo un lingüista o un apasionado de las reglas. La mayoría de la gente estudia para comunicarse. Para hablar, necesitamos pronunciar palabras. Necesitamos sentir cómo suena el idioma. Cuando pronuncie frases en japonés, puede imaginar que está cantando una canción. Es mucho más divertido que centrarse sólo en la gramática y el vocabulario. Cuando se sienta frustrado con el idioma, recuérdese que es sólo un juego. No asocie el estudio de un idioma con pasar un mal rato, ni con su profesor examinándolo de las conjugaciones verbales ante una pizarra sucia.

Cuando la patinadora sobre hielo estadounidense Sarah Hughes ganó por sorpresa la medalla de oro de los Juegos Olímpicos de invierno de Salt Lake City en 2002, los periodistas le preguntaron cómo lo había conseguido pese a toda la tensión y la presión de los medios de comunicación. Ella respondió que se había limitado a pasárselo bien en la pista y no se había dejado agobiar por la responsabilidad. Esa es la actitud ideal para conservar la tranquilidad. Habrá ocasiones en que no comprenderá algo o se equivocará al pronunciar una palabra: ríase y no se lo tome demasiado en serio. Aprender puede ser muy divertido.

7. Longitud y melodía

Cada idioma tiene una longitud y melodía distintas, y un hablante no nativo tiene que captar el ritmo de la lengua para crear frases correctamente. Algunos idiomas son muy melódicos, por ejemplo el italiano. Otros son monótonos. Si habla japonés alternando tonos altos y bajos como en italiano, sonará raro. De igual modo, cuando un anglohablante no se deja llevar por los vaivenes del italiano se pierde la belleza del idioma.

Los hablantes de vietnamita tratan cada sílaba como si fuera una palabra. Para un hablante de inglés, el vietnamita suena entrecortado. Esto explica por qué algunos vietnamitas suenan como si estuvieran truncando palabras al hablar en inglés. No están acostumbrados a pronunciar palabras largas con varias sílabas. A la inversa, las personas que hablan idiomas con palabras de más de una sílaba tienen que cambiar de ritmo y crear palabras breves y rápidas en vietnamita.

El árabe tiene vocales breves y largas. Si se pronuncia una palabra de vocal breve con una vocal larga, puede alterarse completamente su significado. Lo mismo ocurre con la música: si sostenemos una nota más de lo debido o tocamos un staccato en lugar de una nota entera, cambiaremos la música y puede que la pieza suene mal.

8. Arriba y abajo < *crescendo* > *decrescendo*

¿Termina la frase en tono ascendente? Los australianos y los californianos de Los Ángeles y Orange County suelen terminar las frases con una nota alta, como si estuvieran preguntando algo. Puede que suenen como si no estuvieran seguros de lo que dicen, pero así es el inglés que se habla allí. Esto puede resultar confuso para un estudiante que no esté acostumbrado a ese acento: le parecerá como si su interlocutor no dejara de hacerle preguntas.

9. Énfasis *ff* *fortissimo*

¿Dónde está el énfasis de una palabra? Hay mucha gente que no pronuncia bien las palabras de otro idioma porque acentúa o enfatiza la parte equivocada de la palabra. El húngaro, pese a poseer una gramática muy complicada, es fácil de pronunciar. El énfasis va siempre en la primera sílaba de la palabra. Siempre. Las frases húngaras suenan siempre de un modo predecible. El acento no cae nunca en la última sílaba de la última palabra, como puede ocurrir en otros idiomas cuando alguien intenta resaltar algo en particular.

10. Enamórese

El amor romántico es quizá la vía más sencilla para aprender otro idioma. La gente aprende rápidamente una lengua cuando quiere comunicarse con el ser querido. No obstante, si no oye campanas de boda aún puede enamorarse de los sonidos del idioma que quiere aprender o de alguna otra de sus características que le guste. Si no le gustan el idioma o la forma en que se habla, le será difícil obligarse a aprenderlo bien. Si le molesta el sonido del idioma pero tiene que aprenderlo por motivos de trabajo o alguna otra razón, busque algo que le guste en el idioma o su cultura.

Anécdota

Tras vivir en Sarajevo, Bosnia, diseñando programas de desarrollo económico durante 15 meses, la gente me preguntaba por qué no hablaba el idioma local con fluidez. Sabían que se me daban bien los idiomas y los aprendía rápidamente. Como hablante nativa del ruso, no debería haber tenido problemas con el serbocroata (otro idioma eslávico). Pero no me gustaba el sonido del idioma. Podía hablar el idioma a nivel intermedio y comunicarme lo bastante para cubrir mis necesidades profesionales, pero no estaba lo bastante motivada como para ir más allá.

11. Relájese

Su mente es como una esponja; absorberá más si está abierta y lista para asimilar la información que si está tensa y contraída.

12. Use su memoria muscular y practique a menudo

Los atletas se ejercitan con frecuencia para conseguir que sus músculos actúen y respondan de la forma deseada. Los músicos practican sus acordes muchas veces antes de un concierto. Su voz y su capacidad lingüística funcionan de forma parecida. No puede asistir a un curso de idiomas dos veces por semana, hacer la tarea y pensar que sólo con eso va a aprender el idioma. Practique a menudo. Sus músculos vocales deben acostumbrarse a producir los sonidos del idioma deseado para que pueda hacerlo de forma natural.

13. Sea tenaz y paciente

Nadie se convierte en un hablante perfecto de la noche a la mañana. Hágase el firme propósito de practicar, no se deje desanimar por los errores y siga trabajando. Sea paciente e indulgente consigo mismo, pero no deje de practicar el idioma. Pronto comenzará a recibir su recompensa.

Los tres elementos del canto: pronunciación (articulación), fonación (tono) y respiración

14. Valore la importancia de una buena pronunciación

Pronunciamos con la lengua y los labios. Concéntrese en cómo mueve la boca al producir sonidos. Quizá deba abrirla más para crearlos mejor. Recuerde que los cantantes abren muchísimo la boca cuando cantan.

Algunos teóricos de la lingüística afirman que tenemos distintos acentos para saber quién pertenece a nuestra tribu y quién no. Nos gusta hablar con gente que suena como nosotros. Nos hace sentir cómodos. Un acento ligero o mediano en otro idioma es aceptable, pero si hablamos con un acento fuerte puede que los hablantes nativos tengan dificultades en comprendernos. Algunos hablantes nativos pueden llegar a evitar comunicarse con personas que tengan mal acento porque suena como si estuvieran maltratando su idioma. En esos casos, tanto el hablante como el oyente se sentirán frustrados. Hay personas que pueden escribir perfectamente en otro idioma y conocen su gramática mejor que muchos nativos. No obstante, si su pronunciación es mala, todos sus conocimientos gramaticales les serán de escasa ayuda para comunicarse verbalmente. Para poder comunicarse, es vital reproducir correctamente los sonidos necesarios.

15. Tono

El tono es importante tanto en la música como en el lenguaje. El vietnamita y el chino son lenguas tonales, con palabras que suenan muy parecidas y se diferencian por el tono con que se pronuncian. Si pronuncia una palabra con el tono equivocado puede estar diciendo algo completamente distinto, o simplemente incomprensible.

16. Respiración

Recuerde detenerse, tomar aliento y expirar. A veces nos entusiasmamos tanto al hablar que pronunciamos las palabras sin pausa, lo que dificulta la comprensión y nos deja sin aire.

Sección 2: Escuche, escuche y escuche

"Todo idioma, oral o escrito, es una lengua muerta hasta que encuentra a un oyente interesado y preparado para él."

-Robert Louis Stevenson,
Escritor escocés

17. Relájese y oiga música en el idioma que desea aprender

Encuentre música que le guste en el idioma que quiere aprender. No importa si al principio no entiende la letra. Elija música que le atraiga. Puede empezar a cantarla siguiendo la música aunque no entienda las palabras. No se preocupe. No sólo aprenderá el ritmo del idioma, sino que también comenzará a adquirir vocabulario.

Relájese. Apague la luz. Échese o siéntese en una postura cómoda. Cierre los ojos y escuche la música. No intente entender las palabras, limítese a escuchar. Quizá se quede dormido o se distraiga. Dese tiempo para escuchar, sin hacer nada más. Su mente debe estar tranquila para absorber los sonidos. Sus oídos no deben tener ninguna distracción para captar las frecuencias altas, medias y bajas del idioma. Haga esto periódicamente.

Puede que la biblioteca de su barrio tenga una colección de CDs en lenguas extranjeras. Las grandes cadenas de tiendas musicales tienen secciones de música internacional y probablemente le dejen escuchar canciones antes de comprar.

Puede encontrar canciones para descargar previo pago en:
www.itunes.es
www.rhapsody.com

Busque vídeos musicales en el idioma que le interesa en:
www.youtube.es

18. Use la música como sonido de fondo

Escuche música mientras maneja, cuando hace las tareas de la casa, al cocinar, en el jardín, etc. Aunque se limite a oírla pasivamente, le ayudará a familiarizarse con los ritmos del idioma. Lo importante es ir absorbiéndolo.

Anécdota

Cuando trabajaba en el Sarajevo de la posguerra, vivía en un apartamento sin televisor, pero siempre escuchaba la radio de mi pequeño aparato de estéreo. Aunque la mayor parte de la música consistía en tecnopop o canciones tradicionales bosnias que no me interesaban, escuchaba de todos modos para acostumbrarme al idioma. Asistí a algunas clases de serbocroata, pero me aburrí y no me sentí motivada para seguir. Como ya hablaba ruso, asistir a clases sobre otra lengua eslava como el serbocroata me resultaba lento y aburrido. Para sorpresa de mis caseros y mis amigos bosnios, podía mantener conversaciones y comprender el idioma a nivel intermedio sin grandes esfuerzos. Creo que esto se debe principalmente a mi costumbre de escuchar música. Mientras cocinaba o limpiaba el apartamento, canturreaba las canciones de la radio, y así fui asimilando el ritmo del idioma. Es cierto que al ser mi lengua materna el ruso me resultó más fácil comprender los conceptos básicos del serbocroata y aprender sus sonidos. No obstante, pese a tener raíces comunes los dos idiomas no se parecen entre sí. Gran parte del vocabulario es distinto, y cada lengua tiene sonidos únicos. La música de la radio de Sarajevo me ayudó a "sintonizar" el idioma.

19. Escriba la letra de las canciones mientras las escucha

Escuche música con la luz encendida, los ojos abiertos y un bolígrafo en la mano. Escriba la letra de las canciones mientras las escucha. Tendrá que detener la música y volver atrás, o escucharla varias veces para escribir toda la letra. Algunas palabras serán difíciles de escribir porque son expresiones o términos informales que aún no ha aprendido, pero no se preocupe de eso: escriba todo lo que entienda. Recuerde que a veces los autores de canciones usan palabras inusuales simplemente para completar una rima. A menudo hacen juegos de palabras y componen sus letras con vocablos que suenan parecido o que incluso se escriben igual, pero tienen significados distintos. No se deje desanimar por las palabras difíciles. Compare la letra que ha escrito con la canción original y observe hasta qué punto ha sido capaz de entender la canción. Algunos CDs incluyen las letras de las canciones en el estuche. Si no lo tiene, búsquelas en algún sitio de letras de Internet.

Una vez que tenga su versión de la letra y la versión original, podrá ver cuánto entendió al escuchar la canción. Use el diccionario para traducir las palabras que no conozca.

www.letras.com
www.lyrics.com
www.azlyrics.com
www.smartlyrics.com
www.elyricsworld.com
http://music.yahoo.com/lyrics

Si no encuentra la letra en los sitios web de letras, escriba el título de la canción entre comillas en una página web de búsqueda. Por ejemplo, escriba "New York, New York" y "letra" en el recuadro de búsqueda.

20. Reconozca las estructuras gramaticales y las conjugaciones en las letras

Si presta atención no sólo al contenido de las canciones, sino también a la estructura de las frases, comenzará a reconocer estructuras gramaticales.

¿Está la canción en pasado, presente o futuro? ¿Canta el intérprete en subjuntivo? Es más fácil entender las estructuras verbales irregulares en contexto.

Si no reconoce alguna de las formas verbales, busque la raíz del verbo en una guía de conjugaciones para averiguar en qué tiempo se está usando. Recuerde que un verbo irregular conjugado puede no parecerse en nada a su raíz.

21. Haga una lista de vocabulario con las palabras de las canciones

Para reforzar visualmente lo que aprende al escuchar música, escriba las palabras de las canciones en tarjetas o trozos de papel. Escriba en una cara la palabra en su idioma, y en la otra la misma palabra en su nueva lengua. Cuando esté haciendo cola en el supermercado, puede sacar las tarjetas que ha escrito y estudiar las palabras nuevas. Si estudia una canción por semana y refuerza lo que aprende practicando su vocabulario con esas tarjetas, pronto multiplicará el número de palabras que conoce de un modo divertido.

22. Imagine la historia que cuenta la letra

Si la canción cuenta una historia, cierre los ojos mientras escucha la música y piense en lo que está narrando el autor. Cree la historia en su mente mientras la escucha. Recordará mejor las palabras de las canciones que si las memoriza sin contexto, y será más probable que las use cuando las necesite para comunicarse. Por ejemplo, la famosa canción *New York, New York* habla de alguien que llega a Nueva York y observa que es una ciudad animada, incluso de noche. Imagínese a alguien que llega a Nueva York, o a cualquier otra gran ciudad, y la ve llena de luces rutilantes y de movimiento. Hay gente andando, comiendo en los restaurantes y bebiendo en los bares. Las calles están llenas de carros y autobuses.

Practique este ejercicio de visualización para dar vida a la música. Utilice su imaginación.

23. Haga dibujos sobre la historia

Tras imaginar la historia contada en la canción, dibújela. Al usar su talento de dibujante, reforzará la canción en su mente. El refuerzo visual es importante para dar realidad a las palabras de la canción.

24. Escuche la canción en su mente

Al oír canciones en su mente, las oirá en su forma original, sin su acento. Relájese, cierre los ojos y recuerde la canción. Conviértase en su propio equipo de estéreo. De este modo ayudará a su cerebro a familiarizarse con los sonidos del idioma y los recreará en su mente antes de intentar reproducirlos físicamente. Los cantantes suelen oír las notas en su cabeza antes de abrir la boca para empezar a cantar.

Sección 3: La hora del concierto

Toque su instrumento

¡HABLE!

25. Usted es su propio instrumento. ¡Afínese!
El cuerpo humano es un instrumento musical. No es sólo su boca la que produce los sonidos. Su cuerpo vibra en distintas partes para generar diversos sonidos. Cuando usted habla su idioma, ¿de dónde sale el sonido? Obsérvese. La faringe, la cavidad oral y la cavidad nasal son las partes del cuerpo más importantes para generar sonidos. No obstante, la vibración de esos sonidos hace resonar el pecho, el árbol traqueal y la cabeza. Concéntrese en el origen del sonido y su resonancia en todo su cuerpo. Cuanto más consciente sea de su propio cuerpo, más fácil le será localizar las partes del mismo que se activan cuando habla.

Cuando hable en su nuevo idioma, fíjese en qué partes de su cuerpo producen los sonidos. ¿Qué ocurre con su boca? ¿Tiene que fruncir los labios? ¿Qué forma debe adoptar su lengua para generar sonidos? Mírese al espejo mientras habla en su lengua materna y en su nuevo idioma para observar las diferencias. ¿Nota algo distinto entre su forma de hablar en su lengua nativa y el modo en que habla en su nuevo idioma? Si es así, téngalo en cuenta al hablar en este último. Es fácil recaer en las viejas costumbres. Cuando note que está produciendo sonidos en su nuevo idioma mediante las partes del cuerpo que emplea para hablar en su lengua materna, corríjase. Vuelva a calibrar el ritmo de su nuevo idioma: le ayudará a mejorar su acento. Recuerde que está aprendiendo un tono nuevo y tiene que ajustar el registro de su voz para reflejarlo. Hay canciones que tienen muchas notas agudas, mientras que otras abundan en notas graves. Los idiomas son así. Tiene que escuchar la naturaleza musical del idioma para sentir cómo el tono sube y baja con las palabras.

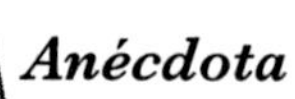 ***Anécdota***

Cuando pronuncio las vocales nasales del portugués, siento cómo vibra mi nariz. El ruso se pronuncia en tonos menores algo melancólicos, que produzco en la boca y el fondo de la garganta. El inglés resuena con alegres acordes mayores en mi boca y la parte anterior de mi cabeza.

El francés tiene muchos sonidos guturales que son difíciles de reproducir para un hablante de español, ya que no está acostumbrado a usar el fondo de la garganta para hablar. Suelo notar que cuando hablo en francés frunzo los labios para producir las particulares vocales de la lengua gala.

26. No tenga miedo a sonar como Tarzán

Olvídese de su miedo al ridículo. Si es usted perfeccionista, deje esa virtud en el armario: lo que necesita es perder el miedo a cometer errores en su nuevo idioma. Durante mis viajes por Taiwán y Japón, observé que en esas culturas la gente suele preferir no hablar en otro idioma aunque lo haya estudiado por temor a equivocarse. No se preocupe. Nadie es perfecto. Ni falta que hace.

La intrepidez puede formar parte de su nueva personalidad. Sea realista: va a cometer errores. A veces hasta puede que los demás se rían. Pero ¿qué importa? Los hablantes nativos saben que está estudiando su idioma y le perdonarán sus fallos. De hecho, una vez que aprenda de sus errores y pueda reírse de sí mismo, se sentirá mucho más relajado. Nunca aprenderá a hablar a menos que se permita equivocarse. Aprenderá de cada uno de sus errores de pronunciación y fallos gramaticales. Yo tuve que ser Tarzán antes de hacerme políglota. No nací así. Como la mayoría de los bebés, ¡lloré al nacer!

27. Hable de forma relajada

Cuando la gente se siente incómoda hablando en un idioma nuevo, a menudo suena áspera o adopta un tono defensivo, lo que incomoda a sus interlocutores (especialmente si es su lengua materna). Recuerde esto cuando hable. Aunque tenga dificultades, intente no parecer frustrado o irritado; puede que asuste a personas que de otro modo le escucharían con gusto. Estudie su forma de hablar ante un espejo.

28. Cante. Use el karaoke para ganar fluidez

Cante las canciones que escucha. Aunque no esté listo para participar en *American Idol*, cante en la ducha. Eso no le da vergüenza a nadie. En general, su acento nativo se suavizará cuando cante en otra lengua. En serio: he notado que el acento de una persona suena mucho más nativo cuando canta. Al memorizar canciones en otra lengua, aprenderá su cadencia y su melodía. Aunque probablemente no vaya a interpretar serenatas románticas al mantener conversaciones en su nuevo idioma, el mero hecho de conocer canciones puede ser una buena forma de romper el hielo en una fiesta y conocer a hablantes nativos. Si no suena muy desafinado, lo más probable es que les impresione su interés en aprender cosas sobre su cultura, y puede que le ayuden a aprender aun más melodías. La música nos llega al alma. Usted puede llegar al alma de otros gracias a su dominio de su música. Si tiene un intercambio de conversación (ver **Sección 7**), pueden practicar canciones juntos.

29. Grábese cuando cante

Use una grabadora de voz (de cintas o digital) o un programa de grabación de su computadora para grabarse mientras canta canciones. Compare su voz con el original para descubrir cómo es su melodía comparada con la de un hablante nativo. Siga escuchando las canciones originales y verá cómo cuanto más las escucha y las canta, más se va pareciendo al original.

Sección 4: La radio

Una nueva sintonía

30. Escuche una estación local en su nuevo idioma

No subestime el poder de las bandas de FM y AM de su dial. Puede que estemos en la era de Internet, pero aún hay millones de personas que escuchan la radio cada día para oír noticias, programas de entretenimiento y música. En Estados Unidos, donde millones de personas pasan horas en la carretera para ir al trabajo, la radio es un medio popular. Las distintas comunidades de inmigrantes tienen muchas estaciones de radio que emiten en sus propios idiomas.

Cuando empiece a escuchar estaciones de radio, puede que le parezca que los locutores están emitiendo una corriente ininterrumpida de sonidos en lugar de palabras individuales. Con el tiempo, empezará a reconocer palabras. Los profesores de idiomas llaman a este proceso "competencia adquirida". Como ocurre con la música, puede usted escuchar la radio atentamente y tomar notas, tenerla como ruido de fondo o simplemente cerrar los ojos para oírla sin esforzarse por entender.

Anécdota

Durante varios años escuché Rádio Comercial Portuguesa, la estación de radio portuguesa de San José, California. Esta estación servía a la comunidad inmigrante portuguesa procedente de las islas Azores. Mientras manejaba y esperaba que cambiara el semáforo, escuchaba los distintos anuncios de las empresas portuguesas, desde plomeros y compañías de suministros de construcción hasta "padarias" (panaderías). Por supuesto yo no tenía ningún interés en las compañías de construcción y sus maravillosos suministros, pero escuchaba a los locutores para acostumbrarme al ritmo del portugués y aprender vocabulario. Como esta comunidad era muy religiosa, la estación emitía la misa católica en portugués cada día a la misma hora. Yo no soy católica ni tenía interés en aprender el Padrenuestro en portugués, pero la escuchaba de todos modos. Tampoco es que me gustara mucho la música: casi todo el programa consistía en viejas canciones de pescadores. Me encantaba la melancolía de los fados, pero apenas emitían ninguno. No importaba. Yo estaba atrapada en mi auto y podía elegir entre escuchar noticias o música en inglés o aprender más portugués. Opté por lo segundo. La estación solía emitir noticias conectando en cadena con el servicio nacional portugués, lo que me daba la oportunidad de oír noticias de los muchos países de habla lusa.

El resultado fue que, aunque tenía pocas ocasiones de hablar el idioma, lo fui aprendiendo de forma pasiva durante años. En realidad, yo creía que hablaba portugués como Tarzán porque casi todo el tiempo lo había estudiado sola y sólo había asistido a dos cursos básicos en una escuela para adultos. En 2006, cuando vivía en Nueva York, mi compañera brasileña de apartamento, Carla, invitó a Silvia, una amiga de Brasil, a que nos visitara por Navidad. Silvia hablaba muy poco inglés, así que tuve que hablar en portugués aunque me daba timidez porque pensaba que mi dominio del idioma sería irrisorio. Para mi sorpresa y la de los demás, enseguida comencé a construir frases largas y complejas con facilidad. Carla y Silvia me dijeron que tenía acento de Portugal. Me di cuenta de que sabía mucho más portugués de lo que pensaba. Al fin recibía la recompensa por todos aquellos años escuchando canciones de pescadores y misas católicas. ¡Hablaba portugués! Había estado reforzando el vocabulario y las reglas de construcción de frases que había aprendido simplemente con escuchar la radio. Tenía la música dentro desde hacía años.

Usted también puede crear sus propias sinfonías. ¡Basta con escuchar!

(Ahora mi acento es más brasileño porque más tarde pasé tiempo en Brasil y hablé con gente de allí.)

Escuche la radio a distintas horas del día y pruebe distintas estaciones. Puede que algunas no emitan las 24 horas del día y compartan su frecuencia con otras estaciones de radio pequeñas.

Mire en la sección de radios de la guía telefónica. Si vive en EE. UU., abra las Páginas Amarillas y mire en la sección de estaciones de radio. Las estaciones en lenguas extranjeras suelen indicar su idioma en el título.

Vaya al directorio Yahoo de estaciones de radio: **http://dir.yahoo.com/News_and_Media/Radio/By_Region/Countries** Encuentre las estaciones de su zona y busque las que usan el idioma que desea aprender. Es aconsejable que busque por regiones en lugar de sólo en su ciudad. Podría haber una estación de radio en una ciudad cercana que emite en el idioma que le interesa. Si sólo busca estaciones en su ciudad, no encontrará las que se encuentren en las proximidades.

31. Escuche estaciones de radio por Internet

Puede escuchar estaciones de radio en su computadora mientras trabaja o se encuentra en casa. Puede descargar programas y podcasts como archivos MP3 y guardarlos en su computadora para escucharlos más tarde o transferirlos a su reproductor de MP3. No sólo podrá escuchar programas de radio creados por las comunidades inmigrantes de su zona, sino que también podrá escuchar programas de radio de todo el mundo por Internet. En el ciberespacio encontrará mucha más variedad de estaciones que en el dial de su radio local.

Extra: al oír noticias de distintas partes del mundo, tendrá una perspectiva nueva sobre la actualidad y conocerá lugares de los que nunca había oído hablar. Hay programas de tertulia, música, noticias, política, deportes y comedia, y muchos otros tipos de programación en la radio que pueden interesar a todo tipo de personas. Por ejemplo, imagine que le encantan los carros: puede escuchar programas sobre automóviles en otro idioma. Quizá le den ideas nuevas para reparar el auto, y al mismo tiempo aprenderá palabras nuevas. Los siguientes directorios contienen estaciones de radio por idiomas/grupos étnicos, por compañías internacionales de radio y por región. Busque estaciones que despierten su interés en esos directorios. Pruebe unas cuantas para ver cuáles tienen programas que le gustan. Escúchelas mientras trabaja con su computadora o úselas como música de fondo.

Por idioma/grupo étnico:
www.google.com/Top/Arts/Music/Styles/R/Regional_and_Ethnic/

www.google.com/Top/Arts/Radio/Regional/

www.worldtvradio.com/php/radio_channel_language_lineup.php

Por compañías de radio internacionales:
www.google.com/Top/Arts/Radio/International_Broadcasters/

Directorios Google por región:
www.google.com/Top/Regional Haga clic en el idioma y la región que le interesan y busque la sección de medios de comunicación. (Estará escrito en el idioma de la región.) Por ejemplo, las noticias y los medios de comunicación en francés se muestran como "Actualité", no "medios de comunicación".

Por país:
www.worldtvradio.com/php/radio_channel_country_lineup.php

Sección 5: Su tarea es mirar el televisor

Mire el televisor y aprenda a hablar

32. Mire programas de televisión en el idioma que desea aprender

Puede que esta sea la primera vez en su vida en que su tarea consiste en mirar el televisor. ¡Aproveche la ocasión!

Imagine que está aprendiendo ingles. Mire las noticieros en ingles. Aunque no conozca todas las palabras, podrá entender lo esencial de algunas de las noticias deportivas. Las imágenes y los videos de los eventos le indicarán de qué hablan los locutores. Fíjese en CÓMO hablan y en las palabras que usan para describir las imágenes en pantalla.

Aunque no pueda mirar la televisión todo el tiempo, puede hacer las tareas de la casa con el aparato encendido. Considérela como música de fondo, como si estuviera en un café o un restaurante. Aunque no esté concentrado en ella, su cerebro seguirá procesándola y acostumbrándose al ritmo del lenguaje. Recuerde: primero se escucha, después se habla.

Extra: no sólo aprenderá cómo suena el idioma; también verá noticias que quizá no vería en su noticiero local o nacional. Si está aprendiendo chino mandarín y encuentra una estación de noticias local en su zona, puede aprender muchas cosas de la comunidad china que nunca vería en los noticieros generales. Sabrá lo que está ocurriendo en los lugares en los que se habla ese idioma. Es muy posible que un noticiero italiano contenga más noticias sobre otros países europeos que un canal de noticias de EE. UU. o Taiwán. Esté alerta. No sólo está aprendiendo un idioma: está adquiriendo otra forma de ver el mundo.

Busque programas o estaciones en lenguas extranjeras en sus listados de televisión locales. Si tiene televisión por cable o vía satélite, tendrá aun más opciones.

33. Grabe, escuche y escriba

Grabe los programas en lenguas extranjeras que está mirando en el televisor. Reproduzca los programas y escúchelos atentamente. Siéntese y escriba lo que dice la gente. Use un diccionario si es necesario. Quizá deba reproducir el programa 20 veces para entender lo que dicen los locutores o los actores. No importa cuántas veces tenga que hacerlo. Cuanto más escuche las frases, más fácil le será captar lo que dicen. Los músicos suelen practicar ciertas obras una y otra vez hasta que las dominan por completo e igualmente escuchan grabaciones musicales para aprender la técnica de otro músico. Imagínese que es un músico principiante. Quizá se sienta frustrado al principio, pero valdrá la pena más tarde cuando entienda escenas de televisión o a locutores sin tener que volver atrás y reproducir varias veces.

34. Mire la televisión por Internet

Hay muchas estaciones de television que ofrecen contenido directo por Internet de forma gratuita, no es necesario que ponga una pesada antena para televisión por satélite en su balcón para escuchar árabe por Al Jazeera. Puede hacerlo por Internet. Muchos sitios le permitirán ver su contenido gratis.

Para encontrar programas de televisión de distintos países en Internet:
Por idiomas:
www.worldtvradio.com/php/TV_channel_language_lineup.php

Por país:
http://dir.yahoo.com/News_and_Media/Television/By_Region/Countries

www.worldtvradio.com/php/TV_channel_country_lineup.php

www.wwitv.com

Por región:
http://dir.yahoo.com/News_and_Media/Television/www.google.com/Top/Arts/Television/Regional

Sección 6: Convierta al cine en su escuela

¡Aprenda de las estrellas!

Antes de la televisión y de Internet, la gente aprendía cosas de otros países mediante la industria del cine. Las películas extranjeras nos muestran la forma en que la gente actúa y se comunica en otros países. Puede aprender expresiones, giros, gestos, matices culturales y otros elementos de la cultura y la tradición que nunca podría adquirir leyendo un libro de texto. Las películas más sofisticadas pueden usar juegos de palabras y contener sutiles mensajes políticos que quizá no entienda como estudiante inicial del idioma. Es mejor que empiece con películas sencillas y populares.

35. Encuentre la versión original de las películas en el idioma que desea aprender

¡¡¡NO MIRE NUNCA PELÍCULAS DOBLADAS EN SU IDIOMA!!!

Mirar películas dobladas es un pecado mortal para el estudiante de idiomas: significa perderse la mayor parte de la experiencia cultural.

Cuando vivía en Europa, me preguntaba por qué los escandinavos y los holandeses tenían tan buen acento en inglés, mientras que los franceses, los españoles y los italianos eran famosos por su fuerte acento extranjero. Los nativos del norte de Europa empiezan a aprender inglés antes que los franceses, los españoles y los italianos, pero no es sólo esa ventaja inicial la que les da una pronunciación perfecta. Sus profesores no son hablantes nativos de inglés, así que no es a ellos a quien deben su buen acento.

Los escandinavos miran muchos programas de televisión y películas en inglés, al igual que los mediterráneos. No obstante, los nativos del norte de Europa conservan la banda sonora original de la película y se limitan a añadir subtítulos en sus respectivas lenguas. Los franceses, españoles e italianos ven a los actores de lengua inglesa hablar con voces torpemente dobladas en sus lenguas nacionales. Aprenden inglés sin escuchar la voz de sus hablantes nativos. Aprender un idioma en el vacío es difícil.

Yo aconsejo que deje entrar al mundo en su casa mirando las películas en su versión original, y escuchando hablar a la gente en su medio natural. No mire películas ni programas de televisión doblados.

Si la película es sobre todo conversación, casi sin movimiento, puede ser difícil de seguir. (Las películas existencialistas francesas entran en esta categoría.) La película de acción *Indiana Jones* es mucho más fácil de entender que *Hiroshima Mon Amour*, que tiene muchas largas conversaciones entre dos personas. Las comedias pueden contener muchos chistes, lo que las hará difíciles de entender. ¡El humor es difícil de traducir!

Puede encontrar películas extranjeras en la biblioteca de su barrio. Busque organizaciones culturales en su vecindario. Quizá tengan sus propias bibliotecas con películas de sus países.

Estos dos sitios tienen una amplia gama de películas internacionales:
Netflix: **www.netflix.com**
Blockbuster: **www.blockbuster.com**

Si sólo quiere ver ciertas escenas de una película, puede buscarlas en You Tube. Sólo tiene que escribir el nombre de la película y algunas palabras pertenecientes a la escena que desea ver:
www.youtube.es

36. Disfrute del cine y la televisión subtitulados en múltiples idiomas

El uso de subtítulos al mirar programas de televisión y películas, especialmente programación auténtica, es muy útil para mejorar nuestras aptitudes lingüísticas. ViiKii es un sitio web creado por voluntarios que ofrece programas de televisión y películas de todo el mundo en versión original, y les añade subtítulos en muchos idiomas. Los usuarios pueden elegir en qué idiomas desean ver los vídeos, añadir subtítulos y notas en el idioma original, y participar en debates culturales y lingüísticos sobre el programa. ViiKii es totalmente gratis.

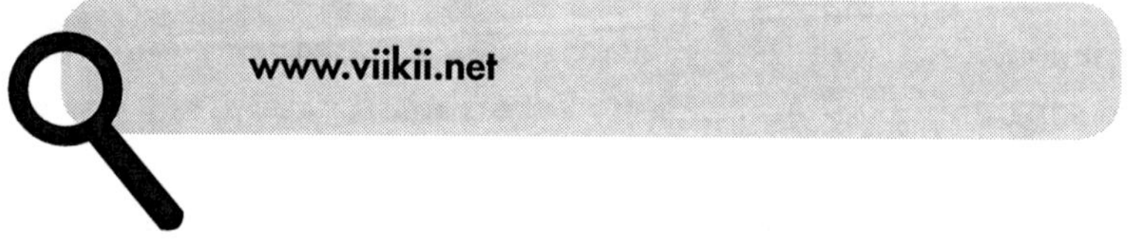

37. ¡Mire y disfrute!
Si tiene un reproductor de DVD, vaya al menú de opciones, active los subtítulos en su idioma y deje el sonido en la versión original. Relájese, recuéstese en su asiento y disfrute de la película. Escuche las inflexiones en las voces de los actores y observe cómo se comunican. Aunque no pueda seguir los subtítulos mientras se concentra en las conversaciones y las acciones, no importa. Lo importante es que se concentre en la forma en que la gente habla, gesticula y actúa. Siempre puede volver atrás para mirar las escenas que le interesen.

38. ¿Feliz? ¿Triste? ¿Coqueto?
Preste atención al modo en que suena la gente al expresar sus emociones. Adivina cómo se sienten por el tono de su voz. ¿Suenan sus voces más ligeras cuando se sienten alegres? ¿Cómo coquetean?

Lo que en su propio idioma sonaría a irritación puede ser una forma normal de comunicarse en otra lengua. Del mismo modo que la música transmite emociones según su velocidad y sus tonos mayores o menores, o la gravedad o ligereza de sus sonidos, así también lo hacen nuestras palabras. No sólo necesita aprender las palabras necesarias para expresar sus sentimientos en su nueva lengua; también debe saber transmitir su mensaje con el sonido y el ritmo de sus frases. Los hablantes nativos lo comprenderán mejor si sus palabras y su tono están en armonía. Si está contento por algo, pero habla con un tono que les parece irritado, probablemente no capten sus verdaderos sentimientos. Puede que piensen que está molesto con ellos. Los malentendidos no surgen sólo de las palabras, sino también de la forma de pronunciarlas.

Anécdota

Cuando escucho a hablantes de francés, suele darme la impresión de que se están quejando. Si bien a los franceses les encanta expresar su descontento con frecuencia y dramatismo, más de una vez su tono me ha hecho pensar que se lamentaban cuando en realidad no era así.

39. Mire películas en versión original sin subtítulos

No lea los subtítulos. Concéntrese en las acciones y el sonido del idioma. Si tiene un reproductor de DVD, vaya al menú de opciones y desactive los subtítulos. Si usa un VCR, cubra los subtítulos con una tira de papel en la parte de abajo de la pantalla del televisor y mire la película sin ellos. Compruebe qué proporción de la película entiende escuchando las palabras, prestando atención al contexto y las imágenes, y "apagando" su mente lectora. Use su intuición para interpretar las palabras que no conozca. ¡Escuche aunque no entienda! Las palabras importantes se repetirán a lo largo de la película. Si el tema de la película es un accidente de tren, oirá palabras relativas a trenes, pasajeros y conductores una y otra vez. Cuanto más las oiga, más fácil le será recordar las palabras. Cuando somos estudiantes noveles y conocemos pocas palabras, creemos que no entenderemos nada. Si bien es cierto que no somos capaces de mantener una conversación o comprender frases complicadas, aún podemos aprender observando señales no verbales, como miradas, gestos, etc. Siga escuchando y mantenga alerta sus ojos para captar pistas visuales sobre lo que dice la gente. ¿Se mantienen a cierta distancia unos de otros? ¿Se cruzan de brazos? ¿Se miran los zapatos en lugar de a la persona que tienen delante? Piense en los mensajes que transmite su lenguaje corporal.

40. Mire las películas sin subtítulos y luego estudie el guión

Cuando se haya acostumbrado a mirar películas sin traducción y se sienta capaz de seguir las acciones y las conversaciones para comprender al menos parte de lo que pasa, lea el guión para conocer toda la historia.

Puede hacerlo de varias formas. Lea primero una escena, traduzca las palabras que no entiende y luego mírela. También puede hacerlo a la inversa: mire la escena sin subtítulos, escriba lo que le parezca que significan conversaciones y acciones, y luego lea el guión para aprender el significado de las palabras y frases que no conozca.

Guiones de películas en idiomas distintos del inglés:
http://simplyscripts.com/non_english_scripts.html

Sitios web con guiones de películas de habla inglesa:
www.iscriptdb.com
www.sfy.ru
www.simplyscripts.com/movie.html
www.script-o-rama.com/snazzy/dircut.html
www.screenplays-online.de
www.movie-page.com/movie_scripts.htm

Si no encuentra la película que busca en esos sitios web, escriba su título y la palabra correspondiente a "guión" en el idioma de la película en su explorador web. Por ejemplo, si busca el guión de una película francesa, le será más fácil encontrarlo en un motor de búsqueda francés como www.google.fr o www.yahoo.fr que en uno de lengua inglesa. Escriba el título de la película que desea y la traducción francesa de guión, "scénario".

41. No mire: escuche

Cierre los ojos mientras la película se reproduce en su televisor. Relájese y escuche las palabras. Al no tener la referencia de las imágenes, tendrá que concentrarse en lo que los actores dicen y en cómo lo dicen. Es un gran ejercicio de comprensión auditiva. De nuevo, lo más probable es que deba volver atrás a menudo. Escuche la escena varias veces y escriba lo que ha entendido.

Si tiene computadora, también puede escuchar clips de audio de películas en estos sitios web:
www.wavcentral.com/movies.htm
www.moviesounds.com

Anécdota

Cuando enseñaba inglés a ejecutivos en Argentina, la escuela de idiomas en la que trabajaba me dio unas cintas de audio con escenas de dos películas de EE. UU.: "As Good As it Gets" y "When Harry Met Sally". No sé si las consiguieron por medios legales o no. El caso es que me senté a escucharlas con mis alumnos, y después les pregunté cuánto habían comprendido. Me di cuenta de que les era muy difícil entender el rápido farfullar de Billy Crystal en "When Harry Met Sally". Tuvimos que volver a escuchar las escenas muchas veces para que mis estudiantes comprendieran el contexto de las conversaciones, pero el ejercicio resultó útil para mejorar su comprensión auditiva sin ayudas visuales.

42. Escuche, mire y escriba

Mire las escenas *sin* subtítulos. Ahora que recibe información verbal y visual, comprenderá una parte mucho mayor de las conversaciones. Como en el ejercicio anterior, escriba las cosas nuevas que comprende al mirar las escenas sin subtítulos e irse familiarizando con la conversación.

43. Escuche, mire, lea y escribe

Vuelva a mirar las escenas, ahora *con* subtítulos. ¿Hay algo que no entendiera completamente cuando se limitó a escuchar la película o cuando la miró sin subtítulos? Compare su comprensión de las escenas con subtítulos con lo que entendió cuando se limitaba a escucharla y cuando la miraba sin subtítulos. Este ejercicio le permite medir cómo avanza su comprensión auditiva. Si hace esto periódicamente con distintas escenas de una película, comprenderá cada vez más cuando se limite a escuchar, y no tendrá que mirar la película con o sin subtítulos tantas veces para comprender los diálogos.

44. Tarjetas de vocabulario

Al igual que con las letras de canciones, tiene que reforzar visualmente lo que aprenda al escuchar y mirar. Escriba las palabras que aprenda de las películas en tarjetitas o tiras de papel. Escriba la palabra en su propio idioma en un lado, y su traducción en el otro. Cuando se encuentre esperando en algún sitio o usando el transporte público, saque esas tarjetas y estudie las palabras nuevas. Esto le ayudará a aprenderlas con más rapidez y le distraerá en esos ratos perdidos.

Sección 7: Participe en la sinfonía

Hable con otros en
su nuevo idioma

45. Intercambio de conversación en persona

Una vez acostumbrado al sonido de su nuevo idioma, deberá practicarlo y hablarlo con un nativo. Búsquese un intercambio lingüístico. Encuentre a un hablante nativo de su nueva lengua que esté interesado en practicar su idioma. Normalmente, pasará la mitad del tiempo hablando en su idioma y la otra mitad en el de su interlocutor. Es bueno verse en persona de forma periódica. Pueden reunirse una hora a la semana y hablar 30 minutos en su idioma y la otra media hora en el de la otra persona, o bien alternar los días.

Estas citas en persona le permitirán aprender sobre la cultura y la cocina de su interlocutor. Preparen platos típicos de sus respectivos países, o dense clases de cocina. ¡Puede ser muy divertido! Tratar a un nativo en persona es la mejor forma de aprender su lenguaje corporal. Comunicarse en otro idioma no sólo consiste en usar sus palabras, sino también en expresarse mediante un lenguaje silencioso de gestos, expresiones faciales, posturas y la distancia física entre los interlocutores. He practicado intercambios de conversación en varios idiomas, y siempre me ha resultado muy útil hablar con un nativo para aprender expresiones y lenguaje de la calle, por no hablar de disponer de alguien que podía corregir mi gramática y mi pronunciación.

Si vive cerca de una universidad, diríjase al departamento de estudios internacionales y pregúnteles cómo puede encontrar a un hablante nativo para realizar un intercambio de conversación. Muchos campus tienen un tablón de anuncios en el que se pueden publicar notas para buscar intercambio. También puede que tengan sitios web con la misma función.

Cuando era estudiante, encontré intercambios en español e italiano mediante la YWCA de Berkeley, California. A través de un programa nacional llamado English in Action, la YWCA

buscaba voluntarios que ayudaran a los estudiantes extranjeros a mejorar su inglés.

Le pedí a la YWCA que me ayudara a encontrar intercambios de conversación en español e italiano, y debo decir que se portaron muy bien. Visite su YWCA o YMCA local y mire si ofrecen servicios de intercambio de idiomas.
www.ymca.org
www.ywca.org

Si hay grupos de inmigrantes o refugiados en su zona que hablan el idioma que usted desea aprender, diríjase a la agencia de inmigración y acogida de refugiados (por ejemplo, el International Rescue Committee o Catholic Charities) y pregúnteles si puede poner un anuncio de intercambio de idiomas en su tablón. Si hay comunidades de inmigrantes o refugiados en algún lugar de su ciudad, vaya allí y ponga notas de intercambio en las bibliotecas, las lavanderías, las cafeterías y demás sitios frecuentados por ese grupo. Si conoce a alguien que acaba de llegar al país, recuerde que quizá se vea obligado a vivir con muy poco dinero, y puede que sufra de algún trauma. No organice citas en restaurantes que quizá no se pueda permitir; puede hacerle sentirse incómodo. Véanse en sus casas, en un parque o en la biblioteca.
www.theirc.org/where
www.catholiccharitiesusa.org

Busque en su barrio centros culturales que representen el idioma que desea aprender. Sus empleados o voluntarios pueden ayudarle a encontrar su intercambio. Llame al consulado o embajada más cercanos del país cuyo idioma quiere aprender y pregunte qué centros culturales tienen en su zona. Puede que el sitio web de la embajada o el consulado tengan enlaces a recursos culturales o lingüísticos. En este sitio

web encontrará una lista con todas las embajadas del mundo.
www.embassyworld.com

Craigslist: busque la página de Craigslist en su zona geográfica. En la sección de Comunidad, verá una lista de "activity partners" (compañeros de actividades). Puede mirar los anuncios de otras personas que buscan intercambios, o poner uno usted mismo.
www.craigslist.org

Conversation Exchange: en este sitio encontrará intercambios de conversación cerca de usted.
www.conversationexchange.com

46. Busque clubes de actividades en su zona

Si usted es un estudiante, empleado, inmigrante, refugiado o visitante que ya vive en otro país y desea mejorar su dominio de la lengua nacional, le conviene conocer a la gente local. ¿Le gusta jugar al fútbol, bailar, ir al cine, hacer bordado, cultivar plantas, ir al monte, o cualquier otra forma de esparcimiento? Busque grupos comunitarios y actividades que le interesen y de paso conocerá a personas afines. Es una forma estupenda de conocer gente nueva y hacer amigos. También puede trabajar como voluntario en la comunidad.

Vaya a la sección de Comunidad de Craigslist, donde encontrará anuncios de eventos, actividades, voluntariado, viajes en común, compañeros de actividades, grupos, músicos, políticos, artistas y otras categorías. Mire en cada sección para encontrar gente, eventos y grupos que le interesen.
www.craigslist.org

Encuentre grupos sociales y para diversas actividades en los sitios web Meet Up o Meet In de su zona geográfica. Indique su estado y código postal y verá los grupos existentes en su zona. Si no le interesa ninguno, puede fundar uno usted mismo y organizar su primer evento.
www.meetup.com
www.meetin.org

47. Intercambio de conversación por Internet

Además de su intercambio local, también puede tener otro en línea. Si vive en una zona remota o en un lugar donde no se encuentran personas que hablen el idioma que le interesa, todavía tiene la opción de hablar gratis por Internet con un nativo auténtico. Puede que al principio le sea difícil entender a su intercambio debido a problemas de sonido o a la falta de lenguaje corporal. No olvide hablar despacio y vocalizar bien. Si su interlocutor habla demasiado rápido, pídale que reduzca la velocidad. Los servicios que indico a continuación son casi todos sitios web gratuitos en los que puede encontrar intercambios de conversación para comunicarse por texto, voz o videochat. Muchos de estos sitios tiene foros de aprendizaje en los que puede interactuar con personas de su grupo de idiomas que están aprendiendo la misma lengua extranjera.

Así, pueden ayudarse mutuamente en sus estudios. Algunos de los sitios tienen tutoriales en línea y descargas gratuitas de material educativo.

www.mylanguageexchange.com
www.sharedtalk.com
www.xlingo.com
www.conversationexchange.com
www.ringuage.com (de pago)
www.babbley.com (para chino e inglés)
www.lingozone.com
www.language-buddy.com

www.livemocha.com
www.language-exchanges.org También se le llama "mixer". Converse con su intercambio en línea por Skype (el sistema de Protocolo de Voz por Internet que le permite hablar gratis con otros usuarios de Skype).
www.eslbase.com/language-exchange
www.friendsabroad.com
www.polyglot-learn-language.com
www.penpalnet.com
www.slf.ruhr-uni-bochum.de
www.italki.com
www.speakmania.com
www.huitalk.com

48. Eventos culturales

Antes de comprar un billete para viajar al extranjero, puede disfrutar de otras culturas, lenguas y gastronomías muy cerca de casa. No hace falta que vaya a China para aprender sobre el Año Nuevo Lunar. Vaya al barrio chino más cercano.

Su nuevo idioma cobrará vida en cada evento cultural al que asista. No sólo oirá a hablantes nativos; también tendrá ocasión de tratarlos y practicar lo que ha estudiado.

La mayoría de la gente ayuda con gusto a una persona que desea aprender su idioma. A menudo les resulta halagador su interés por su lengua y cultura. Si está estudiando una lengua oriental, recuerde que muchas culturas de esa parte del mundo celebran el Año Nuevo Lunar en febrero. Los desfiles y los eventos culturales del Año Nuevo Lunar son lugares ideales para practicar chino, vietnamita u otras lenguas orientales.

Averigüe si hay una organización cultural en su zona que represente al idioma que está estudiando. Llame a la embajada o el consulado más cercanos del idioma que está aprendiendo

y pregunte si tienen centros culturales en su zona. Puede que el sitio web de la embajada o el consulado tengan enlaces a recursos culturales o lingüísticos. En este sitio web encontrará una lista con todas las embajadas del mundo:
www.embassyworld.com

49. Encuentre grupos de conversación locales

Una vez que se haya familiarizado con el idioma, puede ampliar sus actividades de conversación uniéndose a un grupo que se dedique a este fin. En este tipo de grupos se reúnen hablantes nativos de un idioma y estudiantes del mismo para hablar con cierta frecuencia. Es una forma estupenda de conocer nativos y de escucharles hablar entre sí. Eso sí, no recomiendo unirse a uno de estos grupos a menos que ya se tenga un nivel básico en el idioma. Verse rodeado de gente que habla otra lengua de forma rápida y fluida puede resultar frustrante. Espere a alcanzar al menos un nivel intermedio o avanzado para poder sostener una buena conversación.

Si vive en Estados Unidos, visite la sede local del World Affairs Council (WAC) y averigüe si tienen un grupo del idioma que le interesa. El WAC organiza cenas mensuales en distintos idiomas:
www.worldaffairscouncils.org

Busque grupos culturales o lingüísticos en la sección de Comunidad de Craigslist para su zona geográfica:
www.craigslist.org

Meetup: este sitio web es un lugar donde cualquiera puede poner en marcha su propio club o grupo social dedicado al tema que desee. Si aún no hay ningún Grupo de Lengua Finesa en su zona y está estudiando ese idioma, puede fundarlo usted mismo y ver si alguna otra persona de su área desea participar.
www.meetup.com

Llame al departamento de lenguas extranjeras de la universidad más cercana. Es probable que tengan una lista de recursos para gente interesada en practicar idiomas. Quizá pueda unirse al Club Francés de la universidad o a algún otro club de idiomas.

50. Alterne idiomas con los amigos

Si tiene amigos que también están estudiando su nuevo idioma, úsenlo en sus conversaciones. Quizá le parezca raro al principio, pero pronto comprobará que añade interés a sus charlas. Envíense correos electrónicos en su nuevo idioma. Busquen en el diccionario las palabras que no conozcan. Procuren en lo posible no usar su lengua materna, a menos que se trate de tecnicismos o expresiones para las que no encuentren traducción.

51. Escriba un blog en su nuevo idioma

Si ya tiene un diario o blog en línea, puede añadir entradas en su nuevo idioma o crear un blog completamente nuevo para escribir sólo en esa lengua. Así podrá conocer a nuevos lectores. Por ejemplo, imagine que un bloguero japonés tiene un blog en lengua nipona sobre películas de terror y quiere tener más lectores y conectar con otros blogueros que escriben sobre el mismo tema. Se da el caso de que lleva varios años estudiando portugués y lo entiende y escribe bastante bien. Casualmente encuentra un blog portugués de Brasil que es muy popular y se especializa en las mismas películas de terror que a él le gustan. Nuestro bloguero decide publicar sus futuras entradas en japonés y portugués, con lo que aumenta su número de lectores y tiene ocasión de conocer a entusiastas del cine de terror tanto en portugués como en japonés.

El sitio web **www.livejournal.com** tiene sitios de blog en distintos idiomas. Por ejemplo, puede crear un blog en ruso y leer otros blogs en ese idioma de su región geográfica o de todo el mundo.

52. Cree un perfil de red social en distintos idiomas

¿Tiene un perfil en MySpace, Facebook, Gather, Ning, Orkut o algún otro sitio social? ¿Por qué no crear uno en su nuevo idioma? O, si ya lo tiene, puede participar en grupos relacionados con sus idiomas, intereses y raíces. Facebook tiene grupos para personas que hayan estudiado en lycées (escuelas secundarias) franceses, para estudiantes de suahili, y para muchos otros grupos lingüísticos o culturales. Puede conocer gente con aficiones parecidas que habla su nuevo idioma o que lo está estudiando como usted. Si está aprendiendo portugués o hindi, únase a Orkut. Es una red social muy popular en Brasil e India.

Facebook **www.facebook.com**
Gather **www.gather.com**
MySpace **www.myspace.com**
My Space tiene un grupo para gente interesada en aprender otros idiomas
http://groups.myspace.com/languages
Orkut **www.orkut.com**

53. Únase a un grupo de Internet en su nuevo idioma

Quizá no le convence la idea de tener un perfil público pero aún desea tener la opción de conocer a otras personas que hablan su nuevo idioma. O quizá quiere añadir una faceta más a su perfil de redes sociales. Únase a un grupo del idioma que le interesa en Yahoo o Google. Ambos sitios tienen grupos para gente interesada en lenguas extranjeras. Si le gusta el paracaidismo, busque un grupo de amantes de ese deporte en su nuevo idioma. Puede buscar grupos de idiomas, étnicos, culturales o regionales.

Visite estos sitios web y navegue por las distintas categorías, o bien introduzca un término de búsqueda para su idioma o su región:
http://groups.yahoo.com
http://groups.google.es/groups/dir

54. Chatee

Únase a un canal de chat en noruego o encuentre canales de chat en indonesio. La lista es interminable. Practique su escritura chateando en Internet. Puede que deba descargar un programa de chat en su computadora. Le será fácil encontrar grupos de chat por idiomas y por temas. He aquí una lista:

ICQ **http://groups.icq.com/groups**
Pal Talk Chat **http://chat.paltalk.com**

Sección 8: Día a día

Ejercicios para incorporar el idioma
a su mente y sus rutinas diarias

Cuando aprendemos a tocar un instrumento, el profesor nos dice que practiquemos todos los días. El idioma es un músculo que debe ejercitarse con frecuencia. Si incorpora estos pequeños pero útiles ejercicios a su vida diaria, le será mucho más fácil recordar palabras y usarlas cuando las necesite.

55. Escuche CDs de aprendizaje de idiomas

Para reforzar las lecciones de gramática de su libro de texto, escuche CDs de idiomas en casa, en el carro, en su reproductor de CDs o MP3, o mientras hace ejercicio. Hay muchas marcas de CDs para el aprendizaje de idiomas (por ejemplo, Rosetta Stone). Al escuchar lecciones de vocabulario y conversaciones repetidas en sus CDs, verá cómo su comprensión aumenta progresivamente. Esto no significa que pueda asimilar el subjuntivo francés con sólo lavar los platos mientras escucha la misma lección durante una semana, pero sin duda este formato de audio será una adición útil a sus estudios con el libro de gramática.

www.rosettastone.com
Guía en línea sobre varios programas de aprendizaje de idiomas: **www.languageresourceonline.com**

56. Aprenda en la carretera

Usted es una persona ocupada. Quiere aprender chino mientras va al trabajo en su carro, viaja en autobús o espera al médico. Pues bien: es posible.

Praxis Language Learning Networks ha creado podcasts móviles de lecciones de chino, francés, español, inglés e italiano que usted puede escuchar en un iPod o reproductor de MP3, un teléfono móvil, un CD o libro de prácticas personalizado, en televisión, en Internet o mediante un servicio API de aprendizaje. En este producto, un hablante nativo y un estudiante del idioma explican diariamente de forma informal conceptos de gramática, conversación, costumbres sociales, situaciones de la vida real, anécdotas, bromas, trucos para recordar, etc. Los estudiantes pueden imprimir lecciones y tarjetas de vocabulario desde el sitio web. También se les ofrece la posibilidad de estudiar juntos en línea.

Los estudiantes pueden elegir los temas que prefieren y personalizar sus lecciones. Los podcasts introductorios son gratuitos y las suscripciones incluyen lecciones y material de aprendizaje por un precio de $5-23 al mes.

www.praxislanguage.com

57. ¡Combínelo todo con vídeo, cine, música y conversación!

Sumergirse en su nuevo idioma es la clave para llegar a hablarlo con soltura, y el objetivo de este libro es mostrarle cómo puede combinar vídeo, cine, música y conversación con ejercicios prácticos para conseguirlo. Ahora bien, existen sitios web que se ofrecen a hacer todo esto por usted. Yabla ha creado una serie de actividades multimedia con hablantes nativos y material auténtico de la televisión, el cine y la música. Por ejemplo, usted puede mirar un vídeo de música actual con la letra subtitulada en inglés y en español (con la opción de ocultar uno u otro). También puede reducir la velocidad del audio o repetirlo varias veces para facilitar su comprensión. Una vez que esté convencido de comprender la canción o el vídeo, hay un juego que pondrá a prueba su conocimiento del texto. Además, hay planes de coordinación de lecciones y un servicio de tarjetas de vocabulario. También hay actividades de demostración gratuitas, y se ofrecen suscripciones a partir de $8 al mes.

www.french.Yabla.com Francés para todos
www.english.Yabla.com inglés como segunda lengua

58. Hable solo en su nuevo idioma
Como le digo. Hable solo. Cuando no tenga cerca a su intercambio de idiomas, puede hablar consigo mismo mientras realiza las tareas de la casa o lava el auto. Cuando piense en voz alta sobre lo que tiene hacer hoy, dígalo en su nuevo idioma. Lo importante es que se acostumbre a decir las cosas de cada día en su nueva lengua. Cuanto más la use, más fácil le resultará.

59. Cuadre su cuenta bancaria contando en su nuevo idioma
Da igual si prefiere tener su cuenta bancaria en la moneda de otro país; siempre le será útil acostumbrarse a contar en otro idioma. Si pasa de contar en yenes japoneses a hacerlo en rupias indias puede que le de un infarto al ver encogerse su capital, pero no piense en el dinero que está contando: concéntrese en los números. Pronúncielos mientras calcula su saldo bancario. Incluso los inmigrantes que llevan más de 20 años en su país adoptivo siguen contando en su lengua materna. Es un instinto natural, pero cuando viaje al extranjero y alguien le diga rápidamente un número telefónico o el cajero de un banco le informe de los tipos de cambio de su moneda, va a necesitar comprender esos números instantáneamente y poder calcular mentalmente en ese idioma.

60. Escriba su lista de tareas y su calendario en ese idioma
Aprenda las palabras de sus tareas diarias en su nuevo idioma y úselas para organizarse. No sólo ampliará diariamente su vocabulario; también estará pensando en otro idioma.

Una vez que empiece a pensar en la tintorería, el supermercado, la ferretería, la farmacia, la tienda de artículos deportivos, la tienda de electrodomésticos y los demás comercios en su nuevo idioma, le será natural ir ampliando su vocabulario cada semana.

Imagine que está muerto de aburrimiento en una reunión de trabajo y quiere hacer su lista de la compra, pero no desea que se dé cuenta su vecino de asiento, o simplemente no le interesa que vea si compra cosas saludables o no. ¡Escríbala en su nuevo idioma y tendrá menos posibilidades de que le pillen!

Anécdota

Aprendí esto de una colega taiwanesa que solía escribir su lista de la compra en chino durante las reuniones de trabajo aburridas. Todos pensaban que estaba tomando notas. Cuando lo descubrí, comencé a hacer lo mismo en ruso.

61. Etiquete los objetos de su hogar y su oficina en su nuevo idioma con notas adhesivas

Le será muy fácil reconocer los nombres de los utensilios domésticos en su nuevo idioma si los etiqueta con papel adhesivo. Haga una lista de todos los objetos de casa y la oficina en su idioma. Traduzca todas las palabras que conozca y busque en el diccionario las que no le sean familiares. Consiga notas adhesivas tipo Post-it o trocitos de papel, y escriba en ellos las palabras de su nuevo idioma. Si usa trocitos de papel, utilice cinta adhesiva para pegarlos a los objetos. Etiquete todo. Incluso si tiene dos escobas y cinco espejos, etiquételos todos para ver las palabras constantemente. Pronuncie el nombre del objeto cuando lo vea.

62. Si tiene un despertador con reproductor de CDs, ponga como alarma una canción o un saludo en su nuevo idioma

Comience el día con un CD de canciones o de aprendizaje de su nuevo idioma. Quizá no esté totalmente despierto, pero de este modo acostumbrará a su mente al sonido de su nuevo idioma antes de empezar el día.

63. Consiga tonos para su teléfono móvil en su nuevo idioma

Descargue canciones en otros idiomas para su teléfono. Puede asignar una distinta a cada uno de sus amigos. Puede que parezca tonto, pero el objetivo es sumergirse en su nuevo idioma todo lo posible. Cuanto más oiga la música...

Hay muchos sitios web que venden tonos; esta es una muestra:
www.kekuko.com
www.ringtonejukebox.com
www.thumbplay.com
www.ringophone.com

64. Lea la prensa

Aunque este libro se centra en cómo aprender idiomas por medios sonoros, eso no quiere decir que la palabra escrita no sea importante. Soy una escritora a la que le encanta leer y escribir. Usted mismo necesita leer tanto como escuchar. Encuentre periódicos o revistas en kioscos o bibliotecas públicas, o en Internet. Lea las noticias siempre que pueda. Leer le ayudará a comprender los noticieros televisivos que mire.

Lista de periódicos del mundo organizada por países:
www.ipl.org/div/news

http://dir.yahoo.com/News_and_Media/Newspapers/By_Region/Countries

www.google.com/Top/News/Newspapers/Regional

65. Agregadores de noticias extranjeras

Si usa un servicio de agregación de noticias en línea que reúne canales RSS de blogs y sitios de noticias, puede programarlo para recopilar las noticias en un idioma concreto. Cuando seleccione el idioma que le interesa, recuerde que todos los menús y mensajes que vea estarán en ese idioma.

www.google.com/reader
www.bloglines.com

66. Lea las mismas noticias en distintos idiomas

La cultura es una parte integral del idioma. La lectura de las noticias en otro idioma puede revelar perspectivas culturales únicas sobre los acontecimientos mundiales. Algunos sitios web, como Newstin.com, funcionan como servicios de agregación en línea del tipo de Google Reader o Bloglines. No obstante, en lugar de suscribir a diferentes blogs y sitios de noticias, Newstin le ahorra trabajo trayéndole las noticias más recientes en los idiomas que desee. El sitio web también le permite buscar ciertos temas en los titulares, mostrando noticias sobre ellos en sus idiomas favoritos. Leyendo las mismas noticias en distintos idiomas tendrá ocasión de practicar sus conocimientos y observar los puntos de vista de diferentes culturas.

www.newstin.com/us/top-stories

67. Libros bilingües/de texto paralelo

Aunque no es fácil encontrar libros bilingües, algunas editoriales imprimen libros en dos idiomas. Este estilo se denomina "texto paralelo", y muestra el texto original con su traducción al lado. La poesía extranjera a veces se publica en este formato. Busque libros con texto paralelo en su nuevo idioma.

El Linguality Book Club envía un libro en francés o italiano con un amplio glosario en inglés impreso frente a cada página. Se comercializa con un CD de audio gratuito con una conversación de 30 a 45 minutos en francés o italiano con el autor.
www.linguality.com

La Penguin Publishing Company tiene una serie llamada "New Penguin Parallel Text" con libros de relatos breves en español, italiano, francés y alemán, junto con su traducción al inglés.
www.penguin.com

68. Sea un niño

Ser un niño por dentro facilita mucho la vida y nos permite disfrutar mucho más de ella. Si tiene hijos, aprenda un idioma con ellos. Ponga atención, puede que avancen mucho más rápido que usted. Da igual si tiene 30 o 60 años: por mucha edad que tenga siempre podrá mirar *Plaza Sésamo* o *Rue Sésame* en francés. ¡Puede que su hijo aprenda a decir *"Oui"* (sí en francés) antes que a decir "sí" en su lengua materna!

Slangman Productions ha creado libros y programas de televisión que ayudan a los niños a aprender francés, español, italiano, chino, hebreo, alemán y japonés a través de cuentos. El niño empieza leyendo un cuento en inglés y poco a poco va viendo cada vez más palabras extranjeras en él, lo que le permite seguir comprendiendo las frases políglotas por su contexto. Los libros son complementados por vídeos divertidos, que pronto aparecerán en televisión. Los libros de cuentos también están disponibles del japonés al inglés y del chino al inglés. Algunos libros infantiles están pensados para que el niño aprenda un nuevo idioma o están escritos en dos idiomas.

Niños: *Plaza Sésamo* tiene programas en inglés, árabe, bangla, chino, francés, neerlandés, alemán, hebreo y ruso:
www.sesameworkshop.org/aroundtheworld

Estas compañías publican libros infantiles bilingües:
www.multiculturalkids.com (Vaya a la sección "Books" y seleccione "Bilingual".)
www.slangman.com
www.languagelizard.com

69. Cambiar el menu

Si tiene un iPod, telefono móvil u otro aparato electonico con menus en varios idiomas, cambie el menu al idioma que esta aprendiendo. De esa manera, se forzara a pensar en su nuevo idioma al momento de maniobrar sus juguetes electronicos.

Sección 9: Concurso de ideas e historias *Cree su mundo*

Más ideas de lectores como usted

De febrero a abril de 2009, Kaleidomundi organizó un concurso en línea para que los lectores interesados leyeran las primeras versiones de *El idioma es música* y *Travel Happy, Budget Low* por Internet. Se animó a los lectores a que enviaran sus mejores ideas para aprender idiomas y viajar con poco dinero al concurso *Create Your World.*

Praxis Language, Travel Document Systems, Kaehler World Traveler, Le Travel Store, Calling Cards.com y Adventure Medical Kits patrocinaron los premios del concurso.

Aquí puede leer las ideas de los concursantes ganadores. ¡Gracias a todos por participar!

Ejercicios diarios para asimilar un idioma

70. He estudiado español (en secundaria), alemán (en la universidad), francés (con un profesor particular) e italiano (por mi cuenta). No es que sea un hablante perfecto de ninguno de esos idiomas, pero he viajado por Suiza, Francia e Italia y siempre pude valerme por mí mismo y hacerme entender.

Para estudiar francés e italiano, los cursos de audio de Pimsleur me resultaron muy útiles. El método consiste en escuchar y repetir a un ritmo cada vez más rápido. No hay que leer ni estudiar gramática.

Gerald Comisar

www.pimsleur.com

Miscelánea

71. Si lleva a sus hijos a otro país, anímeles a hablar en el idioma local. Antes de ir a México con mis hijos, enseñé a mi hija de 9 años algunas palabras y expresiones en español. Al principio le daba vergüenza hablarlo. Finalmente, un día de calor en los yacimientos arqueológicos de Tula, cuando mi hija tenía mucha sed, me negué a comprarle una bebida. En lugar de eso le di dinero y le sugerí cómo podía pedir lo que quería. Aunque con muy pocas ganas, lo hizo y volvió con su bebida favorita. Esto rompió el hielo y a partir de entonces le resultó más fácil hablar en español.

Mis cuatros hijos son bilingües gracias a los muchos viajes que he hecho con ellos por México y Guatemala, usando siempre autobuses locales. Hablamos exclusivamente español y descubrimos que a la gente le encantaba hablar con nosotros porque no éramos los típicos turistas "gringos" sin interés por la cultura local. Durante los cuatro viajes cubrimos 16,000 millas, la mayor parte por lugares remotos que incluyeron yacimientos arqueológicos en la jungla, y un volcán aislado. Uno de mis hijos conoció a personas con la que más tarde comenzó a escribirse y con las que aún sigue en contacto 38 años después. Cuando mi hijo tuvo gemelas, se puso como meta que hablaran español y les habló sólo en ese idioma. Su mujer aprendió al mismo tiempo que las niñas.

Ahora las gemelas están en secundaria y destacan en la clase de español. Lo más bonito es que ahora se escriben en ese idioma con los hijos del amigo postal que mi hijo hizo hace tantos años en México.

Anita Goldwasser

72. Escuche libros en otros idiomas
Soy hablante nativo de francés. Mientras iba en auto de Suiza a Suecia, escuché la versión en sueco del audiolibro del *Código*

Da Vinci de Dan Brown. Fue ideal para aprender y escuchar el sonido del idioma. Pude concentrarme simplemente en escuchar el libro, y la historia era muy interesante. Nunca pensé que manejar tantas horas pudiera ser tan agradable. Los lectores de audiolibros son expertos en pronunciar bien.

Lea el libro en el nuevo idioma al mismo tiempo que lo escucha en audiolibro; surtirá el mismo efecto que si mirara una película en su nuevo idioma con subtítulos.

Marc-Aurèle Brothier

73. ¡Flexione sus músculos lingüísticos!

Conserve lo que ha aprendido mediante ejercicios periódicos. Cuando me mudé de Suecia para volver a Suiza, me propuse no olvidar mi sueco. Ahora leo libros en sueco, veo las noticias suecas y escucho la radio en ese idioma. Es como un deporte: si dejas de entrenarte pierdes lo que ganaste.

Marc-Aurèle Brothier

74. Mantenga activo su cerebro

Un amigo traductor me sugirió que las personas políglotas deberían alternar los idiomas de los libros que leen. ¡Varíe tanto como pueda! Cuanto más pase de un idioma a otro, más fácil le resultará procesarlos.

Marc-Aurèle Brothier

75. Sopa de letras

Si está aprendiendo un idioma que tiene un alfabeto diferente, como el griego o el cirílico, trate de escribir palabras comunes o la letra de una canción en el otro alfabeto. Así se obliga a usar el otro alfabeto para formar palabras que ya conoce y puede ser más fácil que aprender palabras nuevas y un alfabeto nuevo al mismo tiempo.

Miguel Vargas-Caba

76. Lea durante el día

Cuando llegué a Nueva York, antes de entrar al subway (metro) compraba el periódico *Daily News*, en inglés, y *Nóvoie Rússkoie Slovo*, el periódico ruso local. A veces, cuando tenía la oportunidad, compraba también *Pravda* o *Izvestia*, los periódicos soviéticos. Camino al trabajo leía el periódico en inglés para obtener las noticias del día. Al final del día, de regreso a casa, leía el periódico ruso con las mismas noticias de ese día. Como ya las había leído en inglés, leerlas otra vez en ruso me ayudaba con el vocabulario y la comprensión de la lectura. Las palabras nuevas para mí eran fácilmente identificables por el contexto, porque ya sabía de que trataba la noticia. Así, todos los días aumentaba mi vocabulario en ese idioma, además de obtener el punto de vista de la comunidad rusa en los EE.UU., en el caso de los periódicos locales, o la posición oficial del gobierno soviético en el caso de los periódicos de la URSS.

Miguel Vargas-Caba

Anécdota:

¿Qué significa ser un ciudadano del mundo?

Anita Goldwasser

Mi vida cambió cuando mis hijos y yo corrimos nuestra primera aventura en México. Ellos querían coleccionar insectos en la jungla, así que salimos en autobús de Tijuana para la ciudad de San Blas, Nayarit.

Para alcanzar nuestro destino, viajamos en un autobús de segunda clase con las ventanas rotas. Con la lluvia salpicándome la ropa, vi subirse a varios hombres con machetes (trabajaban en una plantación de piñas). Pasamos por situaciones que me recordaban fotos del "National Geographic", con mujeres nativas lavando la ropa en los ríos. En San Blas, vi gallinas y perros sarnosos entrar y salir tranquilamente de la minúscula estación de autobús. Me encantó. Era el "México auténtico".

Hicimos cuatro viajes más, cubriendo 16,000 millas en México y Guatemala, sumergiéndonos en la vida de ambos países y hablando español todo el tiempo. ¿Cuál fue el resultado? Yo dejé de trabajar en un laboratorio y me convertí en escritora y fotógrafa independiente, vendiendo artículos basados en mis experiencias. Mis hijos aprendieron directamente sobre la vida en ambos países y ahora son bilingües. Uno de ellos más tarde se fue a vivir a México y estudió allí durante un año.

Yo tenía 44 años cuando emprendí mi primer viaje, y había olvidado gran parte del español que aprendí en secundaria. Por suerte trabajé en una planta procesadora de alimentos con mexicano-americanos y ellos me familiarizaron con el español de México. Les hacía reír el español de España que yo había aprendido en Nueva York años antes.
Hemos viajado en autobuses con animales como compañeros, hemos hecho auto-stop en el desierto, trepado por pirámides en yacimientos arqueológicos, y observado con admiración el genio de las primeras civilizaciones de ambos países. En Tikal, nuestro pequeño avión apenas evitó las copas de los árboles cuando aterrizó en la jungla.
En Oaxaca, mi hijo pequeño compró fajas en un mercado indio e intercambió direcciones con la muchacha que se las vendió. Se hicieron amigos por correspondencia. Y en otro viaje a Oaxaca, visitamos a su familia. Un taxista se negó a llevarnos porque decía que el barrio era demasiado peligroso. Otro conductor nos llevó pero no pudo encontrar la casa. Finalmente una señora mayor que estaba cuidando unas cabras oyó a mi hijo y dijo: "Esperen a que ate las cabras a un árbol y les enseño dónde vive esa familia." Y así lo hizo. Pasé una velada inolvidable en su humilde casa de una sola habitación, construida por el padre. Conversamos enteramente en español.

Más tarde la muchacha nos llevó a una congregación en la iglesia. Un niño de 15 años a mi izquierda estuvo practicando inglés conmigo. A mi derecha, una mujer en traje regional amamantaba a su bebé. Era tremendo ver cómo se mezclaban el "viejo" y el "nuevo" México.

Al año siguiente nos alojamos en casa de otro amigo por correspondencia, en el peor barrio de la Ciudad de México. Como hablaba español, pude experimentar el país profundamente y comunicarme con su gente. Ahora mis nietos se corresponden en español con los hijos de los amigos postales originales de mi hijo. Así, las dos generaciones siguen conectadas.

Sobre la autora

Con mis dotes políglotas y mi abultado pasaporte (con sellos de visas de sitios exóticos como Tayikistán y Camboya), soy una trotamundos, cuya meta es ayudar a la gente a convertirse en ciudadanos del mundo, informados de lo que pasa en otros países y con confianza para viajar por el extranjero y comunicarse con quien deseen.

He estudiado diez idiomas (inglés, ruso, francés, español, italiano, portugués, serbocroata, hebreo, árabe y húngaro), de los cuales hablo siete (recuerdo poco del húngaro, el hebreo y el árabe). Gracias a los idiomas que hablo, los nueve países en que he vivido y las 50 naciones que he visitado, me he convertido en una ciudadana del mundo. Tras enseñar inglés en Argentina, Bosnia y EE. UU., descubrí cómo convertir el aprendizaje de idiomas en algo divertido mediante ejercicios de audición y música. Mi sed de viajar comenzó a edad temprana, y siempre me ha impulsado a recorrer el mundo. Cuando vivía o estudiaba en el extranjero, aprovechaba para viajar por las regiones en que me encontrara. A lo largo de mi vida, me he ido dando cuenta de que cada vez que aprendía otro idioma añadía un mundo nuevo a mi existencia.

Mi familia emigró a EE. UU. desde la Unión Soviética cuando yo tenía tres años. Desde pequeña empecé a darme cuenta de que vivía en dos mundos distintos, con mi vida familiar en ruso contrastando enormemente con el mundo exterior de habla inglesa. Pasamos dos años en St. Louis, Missouri, y después nos mudamos al Silicon Valley, California.

Cuando tenía 11 años, empecé a estudiar hebreo y francés. A los 15, estuve como estudiante de intercambio en Pornichet, Francia. Aunque tuve que acortar mi estancia a dos meses porque vivía con una familia disfuncional, llegué a hablar el idioma con fluidez y tuve ocasión de empezar a aprender español. Tras mi dramática estancia en Francia, regresé al otro lado del Atlántico para estudiar en un internado cerca de Boston, Massachusetts. El frío de Nueva Inglaterra me hizo volver a estudiar en la Universidad de California en Berkeley, donde estudiaba Economía Política, continué mi educación en español y comencé con el italiano. Llevada por mi curiosidad sobre la vida en países poscomunistas fuera de la Unión Soviética, completé mi último semestre en el extranjero en Budapest, Hungría, donde aprendí húngaro básico. Tras graduarme con honores por la Universidad de California en Berkeley, sabía que quería trabajar como periodista o en algún proyecto de ayuda al desarrollo internacional. Optando por la vía más fácil, trabajé para el Departamento de Comercio de EE. UU. ayudando a exportar a las empresas del Silicon Valley. Para no aburrirme con mi banal trabajo de oficina, aprendí portugués por mi cuenta. Incapaz de ignorar completamente mi pasión por la escritura, combiné la cooperación internacional con el periodismo, volviendo mi vida del revés en el proceso y me fui a vivir al otro confín del mundo, a Buenos Aires, Argentina, en 1999. Bajo los auspicios de una Beca de Buena Voluntad de la Fundación Rotario, estudié en la Universidad de Buenos Aires, trabajé como becaria en la Sección de Comercio de la Embajada de Estados Unidos, edité y escribí para el diario en inglés *Buenos Aires Herald*, y enseñé inglés.

Poco después de volver a California desde Sudamérica, me di cuenta de que tenía más ganas de viajar que nunca. Me fui a Bosnia, donde diseñé proyectos de desarrollo económico en zonas destrozadas por la guerra para el International Rescue Committee y el Mercy Corps. El ser hablante nativa de una lengua eslava me ayudó a aprender serbocroata en Sarajevo. De todos modos, aunque lo pasé bien en Bosnia, a finales de 2001 estaba lista para volver a la soleada California; eso sí, sin renunciar a seguir descubriendo otras culturas. Durante dos años trabajé como profesora suplente y utilicé mis conocimientos de español para investigar el papel de la religión en las vidas de inmigrantes mexicanos y salvadoreños para un proyecto de investigación del Pew Trust en la Universidad de San Francisco. Para aumentar mis experiencias de trotamundos, participé como observadora en elecciones celebradas en Armenia, Tayikistán y Ucrania para el Departamento de Estado de EE. UU. y la Organización para la Seguridad y la Cooperación en Europa. Inspirada por mis viajes por Oriente Medio, también estudié brevemente árabe. Saboreando el aspecto culinario de ser una gourmet internacional, usé mis conocimientos de italiano para vender vinos de ese país en San Francisco y para promover el "Slow Food Movement". Cuando me volví alérgica a las uvas y a los principales ingredientes de la cocina italiana, me di cuenta de que había abandonado mi pasión: escribir. En septiembre de 2005, dejé atrás el mundo del vino y la gastronomía para dedicarme a escribir mi autobiografía, *One-Eyed Princess in Babel: Seeing the World With My Ears.*

Ahora vivo en Cupertino, California.

Para más información sobre el trabajo de Susanna, visite:
www.createyourworldbooks.com
www.susansword.com

Otros títulos de Susanna Zaraysky

Travel Happy, Budget Low: Over 200 Money Saving Tips to See The World (Parte de la serie de libros *Create Your World*)

¿Quiere ver el mundo pero su cuenta bancaria no está lista para un hotel de tres o cuatro estrellas?

Puede hacerlo. ¡Dese el lujo de ver mundo!

He visitado más de 50 países. La gente siempre se admira de que viaje tanto con tan poco dinero. Con más de 200 consejos y 161 sitios web, este libro cubre todos los temas: cómo conseguir vuelos gratis, salud y seguridad, gastos, equipaje, pasaportes y visas, preparación, aduanas y mucho más. También incluyo algunas anécdotas curiosas o divertidas de mis viajes.

Travel Happy, Budget Low le enseñará lo que necesita para viajar cómoda y económicamente por cualquier parte del mundo. Otros libros de viajes se especializan en alguna región, pero este es válido para todo el mundo.

Los factores más costosos de un viaje son el transporte, el alojamiento y la comida. *Travel Happy, Budget Low* le enseña a viajar económicamente en aviones, trenes y autobuses, a encontrar sitios baratos para comer y a encontrar hoteles baratos o alojarse gratis con gente del lugar.

Viajar económicamente no significa pasarse semanas en autobuses desvencijados sin ventilación ni dormir en hostales ruinosos. No es necesario que duerma en estaciones de autobús (¡yo sólo lo he hecho una vez!).

Descubrirá que usted también puede ver París, la Gran Muralla China, la Ópera de Viena y otros grandes monumentos sin necesidad de arruinarse.

¡Enriquezca su vida aunque no sea rico!

One-Eyed Princess In Babel: Seeing The World With My Ears
(Se publicará en el 2011)

En este libro autobiográfico cuento cómo descubrí mi identidad cosmopolita siguiendo mi trayectoria lingüística por una Torre de Babel moderna.

A la edad de 29 años, descubrí que mi mundo era plano. A diferencia del 95% de la gente, había estado usando un solo ojo todo el tiempo y veía sólo en dos dimensiones. Se me cayó el mundo encima. Siempre me habían dado vergüenza mis ojos. En la Unión Soviética, tuve que ir a un jardín de infancia para niños especiales porque era estrábica. El descubrimiento de mis problemas de visión me llevó a descifrar un misterio: mi don para los idiomas. Hablaba ruso, inglés, francés, español, italiano, portugués y serbocroata, y había estudiado hebreo, húngaro y árabe. Nunca me había podido explicar el por qué de esta facilidad para los idiomas hasta que me di cuenta de que mi excelente capacidad para la comunicación creaba el mundo multidimensional que yo no podía ver. Metafóricamente, estaba viendo a través de los oídos.

Los idiomas eran lentes a través de las cuales veía el mundo. Cada capítulo describe cómo actuaba y pensaba de forma distinta en cada idioma.

Desorientada por mi falta de identidad cultural, viví la vida de una nómada internacional. Por una serie de acontecimientos extraordinarios, mi madre escapó del Telón de Acero poniéndose en contacto con parientes americanos largo tiempo perdidos que nos ayudaron a evadirnos de la represiva Unión Soviética. Cuando llegué a EE. UU. siendo niña, me enfrenté a la doble batalla de ser llamada “roja” y de sentirme inadecuada por mi estrabismo. No me sentía a gusto en la cultura estadounidense ni en la rusa. Intentando encontrarme a mí misma, estudié muchos idiomas y viajé por 50 países. Según escuchara la melancólica prosodia y la brusquedad de las lenguas eslavas o el susurrar y la queja continua del francés, o la alegría y el coqueto encanto del español y el italiano, mi personalidad cambiaba con los sonidos y el ritmo de cada idioma.

Era un camaleón lingüístico. Como resultado, no me sentía apegada a ninguna lengua ni cultura, y esta falta de identidad me creaba mucha ansiedad pese a ser una de las pocas personas que podían comunicarse a través de las fronteras lingüísticas de mi metafórica Torre de Babel. La capacidad de comprender tantos sonidos e idiomas simultáneamente me dificultaba la búsqueda de mi propia identidad y voz interior. Finalmente me di cuenta de que mi falta de raíces, o mis muchas raíces, eran precisamente lo que formaba mi identidad. Mis ojos me habían dado el regalo de convertirme en una ciudadana del mundo.

Índice

A

B

C

E

F

G

H

I

J

K

L

M

N

O

P

R

S

T

V

W

Y

CPSIA information can be obtained at www.ICGtesting.com
Printed in the USA
LVOW05s0002231213

366437LV00004B/81/P